本书获“北京师范大学珠海分校2016年科研成果出版支持计划”资助
北京师范大学珠海分校学术文库

中国新闻传播学教育研究的知识图谱：2000—2014

2000
2001
2002
2003
2004
2005
2006
2007
2008
2009
2010
2011
2012
2013
2014

陆丹　著

WUHAN UNIVERSITY PRESS
武汉大学出版社

图书在版编目(CIP)数据

中国新闻传播学教育研究的知识图谱:2000—2014/陆丹著.—武汉:武汉大学出版社,2016.12
ISBN 978-7-307-19035-1

Ⅰ.中… Ⅱ.陆… Ⅲ.新闻学—传播学—教育—研究—中国
Ⅳ.G210

中国版本图书馆 CIP 数据核字(2016)第 315475 号

责任编辑:徐胡乡　　责任校对:李孟潇　　版式设计:马　佳

出版发行:**武汉大学出版社**　(430072　武昌　珞珈山)
(电子邮件:cbs22@whu.edu.cn　网址:www.wdp.com.cn)
印刷:湖北省荆州市今印印务有限公司
开本:720×1000　1/16　印张:12.25　字数:183 千字　插页:1
版次:2016 年 12 月第 1 版　2016 年 12 月第 1 次印刷
ISBN 978-7-307-19035-1　定价:36.00 元

前　言

撰写本书的动机源于以下思考：

一、职业召唤：新闻传播学教育研究的面貌多元，有厘清的必要

笔者有十年新闻传播学专业教师的任课经历，在授课过程中深刻体会：教师个人的专业知识在新闻传播学教学中只是必备要素之一，教学方法、课程设计等因素都会影响教学效果，一个优秀的教师一定既具备深厚的新闻传播学专业知识，又善用教育学方法。这也是研究者选读教育学博士课程的动力来源。同理，新闻传播学科的发展不仅仅有赖于学科理论知识体系的建构和更新，还必须关注学科教育的创新。近15年来新闻传播学教育研究的成果文献浩瀚如海，涉及学科师资、教学、课程、评估等各方面，这些教育文献到底在研究什么，这些研究和其他学科有什么样的互动关联，新闻传播学教育未来会向着什么方向发展，等等，这些基于高等教育教师职业身份思考而产生的问题是笔者写作此书的初衷。

二、鉴往知来：需要梳理新闻传播学教育研究的演进脉络

1. 了解新时期中国新闻传播学教育研究主体的状况

对学科领域关键学者和研究机构的研究与跟踪一直是教育研究领域的重要组成部分。美国著名的社会学家和比较教育学家伯顿·克拉克认为，“学科明显是一种联结化学家与化学家、心理学家与心理学家、历史学家与历史学家的专门组织，它按学科，即通过知

识领域实现专门化”①。托马斯·库恩曾强调，科学的生存和发展，端赖科学社群的基本特征②。美国社会学家默顿认为，科学社群通常会透过报酬、沟通以及仲裁等系统来规范科学社群内的成员。③由此可见，科研人员是科学发展的主体动力，也是科学知识的生产者和创造者。新闻传播教育研究主体在学科研究的重要性居于首位，因为研究主体是这个学科的知识认知主体，他们的研究是促进新闻传播学教育发展的重要动力。学科领域中研究群体的数量和质量与科学的发展有着紧密的联系。

2. 辨析海量文献信息中的阶段性研究热点与前沿

作为中国教育体系中的一个学科，其教育研究热点问题的产生往往会与政府制定的教育政策息息相关，还受到社会历史发展不同时期社会环境的影响，与政治、经济、文化各领域的政策变化都紧密相连。所以近十几年中国新闻传播学教育在研究什么，随着社会发展时期的不同新闻传播学教育关注的问题有什么变化，这些有关新闻传播学教育研究热点的问题思考，具有教育学和社会学的双重意义。

“研究前沿”的概念最早由普赖斯④提出，他认为某个领域的研究前沿是由研究者们积极引用的文章所体现出来的。陈超美博士将这种特征定义为“突现”，即新的主题词短时间内大量涌现⑤。辨析新闻传播学教育研究前沿可促进了解新闻传播学教育研究焦点及未来发展趋势。

---

① ［美］伯顿·克拉克. 高等教育系统——学术组织的跨国研究［M］. 王承绪译. 杭州：杭州大学出版社，1994.

② ［美］托马斯·库恩. 科学革命的结构［M］. 金吾伦，胡新和，译. 北京：北京大学出版社，2003.

③ ［美］R. K. 默顿. 科学社会学［M］. 鲁旭东，林聚任，译. 北京：商务印书馆，2010.

④ Price D J. Networks of scientific papers.［J］. Science，1965，149（3683）：510-515.

⑤ 陈超美（著），陈悦（译），侯剑华（译），等. CiteSpace Ⅱ：科学文献中新趋势与新动态的识别与可视化［J］. 情报学报，2009，28（3）：401-421.

3. 探究新闻传播学教育研究演进的影响因素

新闻传播学作为一门涵盖了社会学、社会心理学、人类学、经济学、资讯技术等多种学科领域的基础学科，其学科的演化经历了学科分支之间的持续性交流、影响以及与其他学科之间的渗透才得以形成较为稳定、具有发展力的“学科结构”。要对新闻传播学教育有深入和全面的认知，须厘清该学科分支之间的内部联系以及和其他学科的关系等。新闻传播学“复合交叉”的特点也使得该学科教育研究面临许多复杂的问题，不少教育研究专案需要与其他学科和机构的学者进行合作，而合作发表论文对于资源分享、思想交流、知识传播、资讯获取等方面都具有重要的意义。因此，探究新闻传播学教育研究学者和机构之间的合作网络，有利于确认新闻传播教育研究内部知识流动以及外部相关学科的互动关系。

三、新闻传播学教育研究亟待引入更为精进的研究方法

研究者在文献阅览中发现：现有关于新闻传播学教育研究的文献大多侧重于主题性归纳，质性研究比较多，对该学科教育研究的量化研究不够深入。王大丽认为，虽然中国新闻传播教育研究者对定量研究方法不再陌生，且不少年轻学者用其对一些具体问题进行研究，但大多数倾向于使用难度较小的内容分析法，而对于调查研究法、实验研究法等却很少涉及，直到 2013 年中国尚没有一项专门的、系统的全国规模的新闻传播教育现状调查研究①。中国新闻传播教育研究者应该改变“经验总结”的习惯做法，尝试并充分掌握更多更科学的研究方法，实现经验总结、质化分析与量化分析的结合运用，从而使得宏观问题和微观问题的研究都有一个良好的方法保障。佟庆伟与胡迎宾认为，科学研究有四个目的，即描述、解释、预测和控制，这四个目的的关系是依次递进的②。合理的解

① 王大丽. 美国新闻传播教育研究现状——基于《新闻与大众传播教育者》2003—2012 年论文的分析［J］. 国际新闻界，2013（2）：165-176.

② 佟庆伟，胡迎宾. 在教育科研中发挥量化研究方法的优势［J］. 北京教育：高教版，2003（4）：35-37.

释需要以正确的描述为基础，预测的准确性依赖合理的解释，而有效的控制则必须以准确的预测为前提。科学研究的最低要求是“描述”，最高目标是“控制”。而高层次研究目标的实现所涉及的往往是科学理论中有关变量之间的量化关系的内容，若没有科学的数据处理方法的支持，就不能达到这些高层次的研究目标，只能停留在“描述”或“解释”的水平上。

所以，新闻传播学教育研究应重视和引入新的量化与技术化研究方法，而科学计量学在新闻传播学教育研究中的运用对于弥补传统定性方法的不足有其特殊的价值。例如，新闻传播学教育研究关键学者的思想、观点及学术成果可以反映该领域的发展现状和走势，而科学计量学恰好提供了一种合理的研究领域关键学者和研究机构的遴选方式，即通过文献数据库对研究者进行发表文章数、被引文献数、被引文献比例、被引频次等多项指标的计量分析，可以从中选出若干最具影响力的关键学者或研究机构①。再如，运用科学计量学的方法与技术可以较为准确地揭示研究前沿的存在，可利用文献共引和高频关键词共现图谱来呈现某一时间段内相关文献所反映的相关领域的研究热点②。此外，科学计量学借助期刊共被引分析可以推导出专业学术期刊对应的学科之间的亲疏关系，从而确认学科之间的相关性及其之间的互动特征。因此，本研究尝试使用基于科学计量学的知识图谱分析法作为研究方法，相较于传统的内容分析方式，科学知识图谱可通过定量资料更加客观、直观、形象地反映某学科或领域的研究热点及研究趋势。知识图谱（mapping knowledge domains）是以科学知识为研究项目，通过空间表征法，综合运用科学计量学、资讯视觉化技术、应用数学、图形学等学科的理论和方法来揭示科学文献和引文路径的复杂交织所反映出的科

① 路秋丽，田雨，魏顺平．教育技术研究领域关键学者研究［J］．电化教育研究，2008（8）：28-33.

② 蔡建东，汪基德，马婧．教育理论研究的量化与技术化路径——科学计量学方法与技术在教育理论研究中的应用［J］．教育研究，2013（6）：17-23.

学交流及发展趋势①。

综上所述，本书力图利用中国有关新闻传播学教育研究文献中以题名、著者、参考文献、出版年等特征为研究项目，采用数学与统计方法来描述、评价和预测新闻传播学科教育的现状与发展趋势，对新闻传播学教育研究进行综合性、视觉化分析，展现该学科教育研究的前沿、热点和重点问题，并厘清各类研究之间的关系和相互作用，这将为中国的新闻传播学教育研究提供一个新的视角。

① 刘则渊，陈悦，侯海燕，等. 科学知识图谱：方法与应用［M］. 北京：人民出版社，2008.

目　录

第一章 绪　　论

本研究的主要目的在于用科学计量学以及知识图谱建构的方式，探讨2000—2014年中国新闻传播学教育研究的现状，以期为新闻传播学教育发展提供新的研究角度和参考。本章共分为四节，第一节为研究背景与重要性，第二节为研究目的与问题，第三节为名词界定，第四节为范围与限制。

第一节　研究背景与重要性

本节将从社会现实背景、学科发展、研究方法三个层面阐述本研究的背景与重要性。

一、社会现实背景对新闻传播学教育的影响

社会发展中诸多因素都会影响教育研究中心的变迁，英国教育学者 John Adams 在《教育哲学史》中曾经这样总结20世纪以前教育理论的发展和变化，“随着历史的进步和科学方法的更新，教育研究的中心不断转移，各种教育理论流派涨落其间”①。美国阿拉巴大学传播与资讯科学院院长 Culpepper. Clark 曾说，“传播与教育是天生的颠覆性活动”②。新闻传播学高等教育作为专业教育中的一种学科，其研究中心也必然会随着社会发展而变化。1998年以

---

① ［英］John Adams，著. 教育哲学史［M］. 余家菊，译. 北京：中华书局，1934.

② 钟新，周树华. 传媒镜鉴：国外权威解读新闻传播教育［M］. 北京：中国传媒大学出版社，2006.

来，在中国市场经济体制改革日益深化的背景下，“新闻媒介在生态环境、传播方式、功能定位、产业管理等方面都出现了前所未有的多元化趋势，加上受到1999年之后高等学校扩招政策影响，直接催生了新闻传播教育系统结构出现了显著的变化”①。同时，媒介技术的变化也深刻影响着该学科的发展，从报纸、杂志、广播、电视，到以互联网与数位传播技术为基础的“第五媒体”，新媒介的不断涌现开辟了人类传播进程中的新时代，改变了人类资讯传播的传播载体和形式，颠覆了传统的传播观念和传播实践，对新闻传播学教育产生了巨大的挑战。如何做好学科建设适应社会和媒介技术发展所带来的挑战？首先必须从分析学科演进历程开始，对学科的发展历史做出及时、深刻的反思，才能洞察学科建设中的时代特征和规律。

二、新闻传播学科发展的必然性

新闻传播学在中国属于比较年轻的学科，近15年来，由于新闻传播活动在中国政治、经济、文化和社会生活中的重要地位和作用，因而所对应的新闻传播学也逐步发展成为一门“显学”，与哲学、经济学、政治学、史学、法学等一起，被列为国家重点扶持发展的九大学科。在教育部社会科学委员会的语言文学、新闻传播学和艺术学学部、新闻学与传播学学科“十二五”战略规划研究报告中还提出了要建立在国际上具有一定话语权和影响力的学科理论体系的学科建设发展目标②。可以说，作为外部因素的社会需求动力和学科发展的内部因素都为新闻传播学科建设提出了更多亟待解决的命题。因此，梳理近十年中国新闻传播学教育研究的现状，分析新闻传播学教育研究的演进历程和特点，对新闻传播学科的建设

---

① 赵玉明，庞亮. 从新闻学到新闻传播学的跨越——近十年来中国新闻传播学教育和研究新进展评述［J］. 现代传播：中国传媒大学学报，2008（5）：109-113.

② 佚名. 教育部社科委语言文学、新闻传播学和艺术学学部新闻学与传播学学科组“新闻学与传播学‘十二五’战略规划研究报告”完成［J］. 国际新闻界，2011（10）：15.

有极其重要的意义。

三、科学研究方法的思考

科学是一个具有层次性的系统，其宏观层次的演化具有稳定性的特征，即在一定历史时期它会体现出稳定的时代精神和学术上的内在继承性，宏观层次的这种稳定性对具体科学活动具有规范性的指向作用；但同时，科学的微观层次的演化则具有情境性和不确定性的特征，即科学实践又是一个充满偶然性和选择性的随机过程，它的进程常常体现出非逻辑性、跳跃性的特征。因此，只有从整体性的视角分析科学的演化，才能描绘出较为全面的科学演化图景。① 这个结论也适用于研究作为中国高等教育中的一个学科的新闻传播学。因此，要探寻新闻传播学教育研究近十几年的发展和趋势，需要从宏观和微观两个维度思考才能获得较为准确的演化轨迹。

怎样的研究资源可以实现对宏观和微观两个维度的关照，既要符合时间跨度又具有广泛的覆盖范围，同时又涵盖资源细节？要总结学术研究的发展概况，最便捷的方法就是对主要学术期刊进行内容分析。② 换言之，若从研究与发展之关系面而言，藉由对某领域学术论文研究的整体回顾与探讨，将能作为延续该领域长期发展研究的基本依据，亦是教育研究持续发展的重要途径。所以，对历年新闻传播学教育研究的成果文献做整体性检视、分析与思考，更能突显其不容忽视的重要性。

第二节　研究目的与问题

一、研究目的

基于上述研究动机，本研究藉由探讨国内外新闻传播学教育研

---

① 卫郭敏. 宏观和微观辩证统一的科学整体演化图景——论科学中的稳定性和不确定性［J］. 科学学研究，2011（12）：1775-1779.

② Borgman C L. Bibliometrics and Scholarly Communication.［J］. Communication Research，1989，16（5）：583-599.

究和知识图谱研究之相关理论，建立研究工具以分析中国知网收录的CSSCI和北大核心期刊自2000年至2014年发表的新闻传播学教育研究相关内容，借此了解近15年中国新闻传播学教育研究的发展情形，检视中国新闻传播学教育研究的问题，并以知识图谱方法建构可视的中国新闻传播学教育研究的“知识图景”，为未来中国新闻传播学科发展提供参考。本研究期望达到如下目的：

一是辨析新闻传播学教育研究在不同阶段的演进历程与特点，揭示的学科教育发展规律。包括近15年的不同时期中国新闻传播学教育研究热点和前沿的分年代段演进、全时段演进的趋势和特征。

二是探索新闻传播学教育研究相关学科及其知识流动趋向，以确认影响新闻传播学教育研究的相关学科和知识互动的因素。包括新闻传播学教育研究者普遍引用的作者、期刊和经典文献及三者的影响力分析。

三是分析新闻传播学教育研究主体与合作网络。学科领域关键学者和研究机构的研究与跟踪一直是教育研究领域的重要组成部分，通过新闻传播学教育研究合作网络的分析与比较，以发现该学科研究合作网络现状中存在的现象或问题。包括分析新闻传播学教育研究形成了哪些合作群体和合作机构，比较不同研究共同体的特点以及不同的年份演化特征。

二、待答问题

根据以上的研究目的，本研究之待答问题如下：

(1) 近十五年中国新闻传播学教育研究热点演进历程为何？

①新闻传播学教育研究热点的阶段性特点为何？

②新闻传播学教育研究热点的主要领域分布为何？

(2) 近十五年中国新闻传播学教育研究前沿取向为何？

①新闻传播学教育研究前沿领域分布为何？

②新闻传播学教育研究前沿的演变特点为何？

(3) 近十五年中国新闻传播学教育研究的知识基础为何？

①新闻传播学教育研究文献的引文情形为何？

②新闻传播学教育研究涉及的学科分布为何？

（4）近十五年中国新闻传播学教育研究主体与合作网络为何？

①新闻传播学教育研究学者特点为何？

②新闻传播学教育研究机构特点为何？

③新闻传播学教育研究基金项目资助特点为何？

④新闻传播学教育研究作者合作网络的特点为何？

⑤新闻传播学教育研究机构合作网络的特点为何？

第三节　名词界定

为使研究工作更为具体，具有意义解释的一致性，且与研究结果利于说明，本节将针对本研究“新时期中国新闻传播学教育研究的知识图谱研究”中重要概念界定如下：

一、新闻传播学教育（Journalism and Communication Education）

“新闻传播学教育”是一个内涵不断发展的词语，在中国教育历史中，它曾经叫做“新闻教育”，现在它包括了“新闻学和传播学教育”。新闻教育是指“为传授新闻知识而进行的专业教育”①，而新闻传播学教育是为传授新闻传播学知识而进行的专业教育。按照教育实施机构进行划分，新闻传播学教育可以分为学校新闻传播学教育和社会新闻传播教育。按照教学组织形式进行划分，新闻传播学教育可以分为全日制和非全日制两类。按照教育层次进行划分，新闻传播学教育可以划分为专修科、本科、研究生和继续教育四个层次。本研究所涉及的“新闻传播学教育”是指中国为传授新闻传播学专业知识而进行的学校新闻传播教育，就中国新闻传播学科现状而言，目前的学校新闻传播教育主要属高等教育。

本研究涉及的“新闻传播学教育”还需要着重阐明其与“新

① 甘惜分. 新闻学大辞典［M］. 郑州：河南人民出版社，1993.

闻传播学”的联系与区别。“新闻传播学”是人类社会科学中的一门科学，是属于知识系统层面上的分类，而“新闻传播学教育”是属于学科教育层面上的分类，是“新闻传播学科的教育”。因为学科以教育为手段传播知识和技能，教育以学科为内容延续文明、培育新人；学科因教育而传承，教育因为学科而显效①，因此“新闻传播学”是“新闻传播学教育”的学术来源和学理支撑，两者之间的关系是“学科与学科教育”的关系，即知识体系与知识传承方式的关系，两者密切相关、相辅相成。“新闻传播学”是“新闻传播学教育”的内容，而“新闻传播学教育”在本研究中是指中国高等教育院校中实施的，以新闻传播学科的知识、能力为中心培养目标的学科教育。

二、新闻传播学教育研究（Journalism and Communication Education Research）

教育研究是以发现或发展科学体系为导向，通过对教育现象的解释、预测和控制，以促进一般化原理、原则的发展②。教育研究具有描述教育现象、解释教育行为、改进教育实践的功能③。

新闻传播学教育研究是指研究者探求新闻传播学科教育规律、分析新闻传播学学科教育的问题、提出解决问题方法，从而促进新闻传播学教育事业发展的研究活动。

因为新闻传播学教育的概念和界限会随着历史发展而变化，所以新闻传播学教育的研究范围也十分广阔，凡是有关新闻传播学的师资、教育目标、课程研究、学习行为、教学评估、调查研究、方法论、研究报告等都属于新闻传播学教育研究的范畴。新闻传播学教育研究是以新闻传播学教育作为研究物件进行的研究，是人们根

---

① 周庆元，杨云萍. 学科教育：时代的永恒主题［J］. 中国教育学刊，2007（1）：60-62.

② 裴娣娜. 教育研究方法导论［M］. 合肥：安徽教育出版社，1995.

③ 李太平，刘燕楠. 教育研究的转向：从理论理性到实践理性——兼谈教育理论与教育实践的关系［J］. 教育研究，2014（3）：4-10.

据新闻传播学发展的客观需求，运用科学的方法分析新闻传播学教育现象，揭示其本质，探索其规律的认知活动，它贯穿新闻传播学发展的始终。而教育科学研究成果的表现形式是多种多样的，最主要的形式有教育调查报告、教育实验报告和学术论文。①

由上所述，研究者整理出本研究中几个重要概念的关系如图1-1所示，且本研究所探讨的是对已经取得的新闻传播学教育研究成果的再研究，具体是指以新闻传播学教育研究学术论文为代表性成果的再研究。

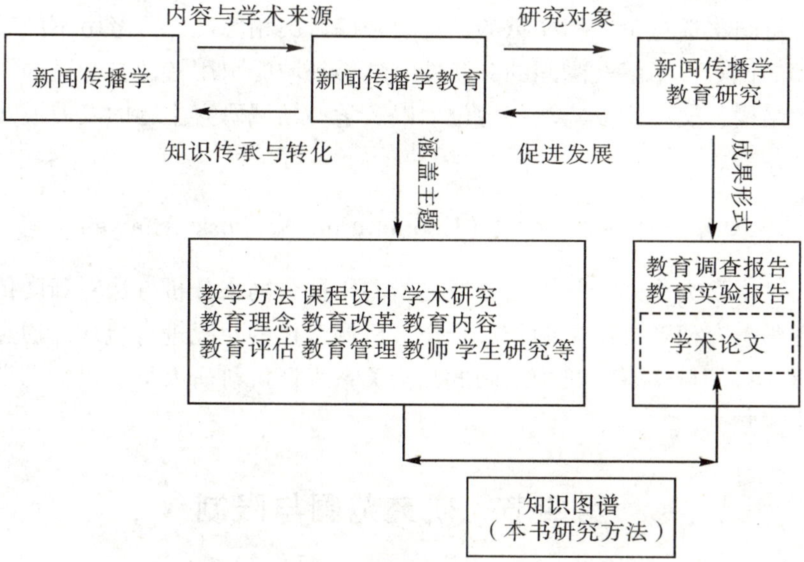

图1-1 重要概念关系图

三、知识谱图（Mapping Knowledge Domains）

知识图谱又称科学知识图谱、知识地图，以科学知识为计量研究物件，属于科学计量学（Scientometrics）的范畴，是显示科学知识的发展进程与结构关系的一种图形。它以科学学为基础，涉及应

① 裴娣娜. 教育研究方法导论［M］. 合肥：安徽教育出版社，1995.

用数学、资讯科学及电脑科学诸学科交叉的领域，是科学计量学和资讯计量学的新发展。①

四、共被引分析（Co-citation Analysis）

共被引分析是指两篇文献同时被后来文献引用时的关系，可以通过同时引用它们的其他文献引用的频次来表达，频次越高，表明关系越密切，亦即意味着这两篇文献的学科背景越相似。具有共被引关系的两篇文献即只要同时被后来的一篇或多篇文献引用，不管这两篇文献是何时发表的，都具备了一种可计量连接关系。分析这种可间接透过第三篇文献的共被引来探讨其相关性，再经由不同时间的比对，了解文献间的关联性、学科领域的引用特性、学科的知识结构、文献作品与学科地位，以及学科领域研究主题的发展模式变化等。

五、合作网络分析（Cooperation Network Analysis）

本研究中的合作网络分析是指利用社会网络分析方法对新闻传播学教育研究文献中的作者合作、机构合作的状况进行梳理，通过该学科领域学者、机构之间的社会关系来评价科研人员、机构的学术影响力。

第四节 研究范围与限制

一、对研究范围的限定

本研究主要利用内容分析法、科学计量学中的知识图谱分析法，以中国（本研究主要以中国大陆地区的新闻传播学教育为研究范围，不包括香港、澳门和台湾地区）自 2000 年至 2014 年 12 月止，共计 15 年间《中国学术期刊网络出版总库》所收录的 CSS-

① 刘则渊，陈悦，侯海燕，等. 科学知识图谱：方法与应用［M］. 北京：人民出版社，2008.

CI 和北大中文核心期刊中有关新闻传播教育研究的 3000 多篇文献为研究对象，做进一步探讨、分析与比较。

在搜集中国新闻传播学教育研究资源的过程中，《中国学术期刊网络出版总库》成为本研究对象的首选。文献被纳入国家资料库有被国家学术机构认可的意味。选择《中国学术期刊网络出版总库》作为研究资料库是因为该资料库是国家知识基础设施（National Knowledge Infrastructure，CNKI），是以实现全社会知识资源传播共用与增值利用为目标的资讯化建设专案，由清华大学、清华同方发起，始建于 1999 年 6 月。经过多年开发和努力，CNKI 已建成了世界上全文信息量规模最大的“CNKI 数位图书馆”，涵盖了中国自然科学、工程技术、人文与社会科学期刊、博硕士论文、报纸、图书、会议论文等公共知识资讯资源。① CNKI 收录了北京大学图书馆“中文核心期刊”和南京大学“中文社会科学引文索引（CSSCI）来源期刊”。所谓“核心”期刊上的论文向来是学术研究领域中极重要的参考文献来源，它代表了一门学科的研究特色，从学术论文研究的主题与研究方式，亦可看出一门学科领域的发展，甚至未来走向。同时，论文的研究、撰述所引发的新思潮，常能启动新理论与新观念，直接、间接的开拓长期研究发展新里程。

知识图谱研究对定量性要求非常严谨，对文献资料有一定的规模要求，丰富充实且规范专业的资料是进行知识图谱研究的前提条件。目前中国对人文社会科学类期刊的评价体系中以南京大学中国社科研究评价中心公布的中文核心期刊目录（CSSCI）和北京大学图书馆发布的中文核心期刊目录最有影响力，而《中国学术期刊网络出版总库》对这两类中文核心期刊目录的文章全文收录，为本研究提供了较为完备、专业和权威的文献资料。

二、研究限制

首先，研究范围上的限制。本研究所搜集的文献为《中国学

① 赵蓉英，邱均平. CNKI 发展研究［J］. 情报科学，2005，23（4）：626-634.

术期刊网络出版总库》收录的公开发行期刊刊载的学术论文，未纳入该系统及尚未整理的其他类型文献，如学术专著、博士与硕士论文、研究报告等均不是本研究的文献资料来源，因此本研究文献资料范围的缺陷可能会影响结论中的偏差。

其次，研究软件上的限制。因为文献资料的不统一性，例如不同期刊对参考文献的标注有不同的方式，这种差异可能导致CiteSpace软件处理和转换资料的结果不是百分之百精确。而CiteSpace软件本身也在不断地发展和更新，本研究所使用的软件在资料处理技术和资料精确度上都有可提升的空间。

另外，研究方法上的限制。文献计量学中的“关键字”“主题”“篇名”等词语的标引往往会受到作者主观意识的影响，难以指代学术论文的全部内容，亦可能会造成本研究对文献知识的遗漏。再如共被引分析法会省略一些可能具有潜在影响性的近期文献。因为文献被引用的高峰往往是该文献发表的第二年以后①，而Narin与Olivastro研究发现平均被引用之高峰期为文献发表后的3~5年②，这使本研究难以全面分析研究时间段中末期作品的情况，因此本研究资料来源具有一定的研究时间限制。

---

① Price D J. Networks of Scientific papers. [J]. Science, 1965, 149 (3683): 510-515.

② Narin F, Olivastro D. Status report: Linkage between technology and science [J]. Research Policy, 1992, 21 (3): 237-249.

第二章　文献探讨

本章针对待答问题探讨相关文献，共分三节，第一节探讨中国新闻传播学教育研究概况；第二节陈述科学计量学知识图谱分析法；第三节讨论基于知识图谱的中国教育学研究。以下就各小节的内容分别叙述之。

第一节　中国新闻传播学教育研究综述

一、中国新闻传播学教育发展概述

世界新闻教育的发轫是在欧美，18 世纪的德国开始出现为了培养新闻记者而编写的有关新闻学的最初讲义①。新闻教育拉开了序幕的标志是美国于 1908 年成立的第一所新闻学院。在欧洲，首家新闻学院是 1916 年德国创立的莱比锡大学，课程体系中正式引入新闻学课程的是 1919 年英国的伦敦大学。美国的新闻学和教育从 19 世纪开始对世界新闻教育产生深远影响。20 世纪 40 年代，传播学开始在美国兴起，使得美国的新闻院系教育开始吸纳融合了社会科学研究、重视跨学科发展的传播学教育。当前美国的新闻教育已经包括新闻、广告、公关等所有的传播领域，中国新闻与传播教育的全部内容基本上延续了美国新闻传播教育发展史的过程②。

---

① 宁树藩. 松本君平与新闻学［M］. 北京：中国新闻出版社，1987.

② 陈昌凤. 中美新闻教育传承与流变［M］. 北京：中国广播电视出版社，2006

1920 年上海教会学校圣约翰大学成立新闻系，课程设计和师资都来自于美国密苏里大学新闻学院。至今已有 90 余年的历史。中国人民大学的方汉奇教授将中国新闻传播教育的发展分为前期（1949 年之前，包括“萌芽”“发展”“抗日战争和解放战争”）和后期（1949 年之后，包括“调整”“文革”“成长”三个阶段）①。

20 世纪 90 年代初，受传播学的影响，中国的新闻学教育也开始建构起“新闻传播学”。1996 年国务院学位委员会提出将新闻学由二级学科提升为一级学科。1997 年，国务院学位委员会“修订的研究生学位授予点专业目录”中，“新闻传播学”下设“新闻学”和“传播学”两个二级学科，在一级学科中属于人文学科类。1998 年教育部颁布《普通高等学校本科专业目录》，在“新闻传播学”下，设有“新闻学”“广播电视新闻学”“广告学”和“编辑出版学”4 个本科专业。2001 年，国务院学位办关于学科目录征求意见稿将新闻学传播学作为两个一级学科与政治学、经济学、社会学等学科并列放在社会科学类。由此时开始，“新闻学”与“传播学”交融而产生了中国一个新的学科——“新闻传播学”。进入 21 世纪以来，中国新闻传播学成为了涵盖新闻学、传播学、广播电视学、广告学等多个二级学科的多元化学科②。

近十几年中国新闻传播学教育发展的总体趋势为规模数量和学科领域的双扩张。教育部高等学校新闻学学科教学指导委员会在 2009 年 5 月发布的《中外新闻传播教育现状及趋势调查报告》中认为这种趋势是：一是规模持续扩张，特别是一些理工科类大学为了改善单一的学科现状，都倾向于选择当时比较热门的新闻传播学来扩充人文、社会科学类的专业。二是新闻传播学科内部延伸至文化领域，如发展势头强劲的三个专业方向有文化产业、

① 方汉奇. 新闻史的奇情壮彩［M］. 北京：华文出版社，2000.

② 廖圣清，申琦，柳成荫，等. 中国大陆新闻传播学研究十五年：1998—2012［J］. 新闻大学，2013（6）：70-82.

动漫、影视①。

1999 年在中国，高校设新闻传播学专业的有 111 所，教学点 210 个（一个教学点指一个专业，如广告学专业、广播电视新闻学专业等），在校生人数有 5 万多名②。2000 年之后，中国新闻传播学专业发展迅猛，到 2014 年中国大陆高校新闻传播类专业布点 1080 个，其中新闻 307 个、广电 225 个、广告 365 个、传播 55 个、编辑出版 80 个、网络与新媒体 43 个、数字出版 5 个，在校本科生达到 23 万。依据所属学校类型看，财经类、政法类、农林类、体育类、理工类、师范类、艺术类院校都设有新闻传播类专业，这类专业甚至在地级城市院校也开办了不少。上述资料表明，进入新世纪以来，我国新闻传播教育呈现出狂飙突进之势，专业点的扩容 10 年间翻了 10 倍，平均每年增加 70~100 个左右③。

二、中国新闻传播学教育研究现状

新闻传播学教育研究始终伴随着中国新闻传播学教育的发展，由于新闻传播教育规模的扩大，新闻传播学教育研究者、学术论文和专著的数量都逐年增长，如图 2-1 所示。例如，2007 年一年的研究文献数量比 1995 年至 1999 年 5 年加起来的数量还多。新闻传播学教育的学科特点使该学科研究涉及领域与高等教育学结合十分紧密，主题也是纷繁芜杂，如图 2-2 所示。

新闻传播学在中国属于高等教育层次，因此本研究主要借助高等教育研究理论中“高等教育研究主题分类”来对该学科教育研究文献进行内容分析。不同的高等教育研究者对教育研究主题的分类方式各有不同。华中科技大学的教育学教授别敦

① 雷跃捷. 社会转型时期我国新闻传播教育的成就和问题 [J]. 现代传播：中国传媒大学学报，2013（3）：135-138.

② 吴廷俊，王大丽. 从内容调整到制度创新：中国新闻教育改革出路 [J]. 西南民族大学学报（人文社科版），2012，33（7）：150-154.

③ 王哲平. 中国新闻传播教育：约束条件与可能的突破口 [J]. 现代传播：中国传媒大学学报，2014，36（10）：135-139.

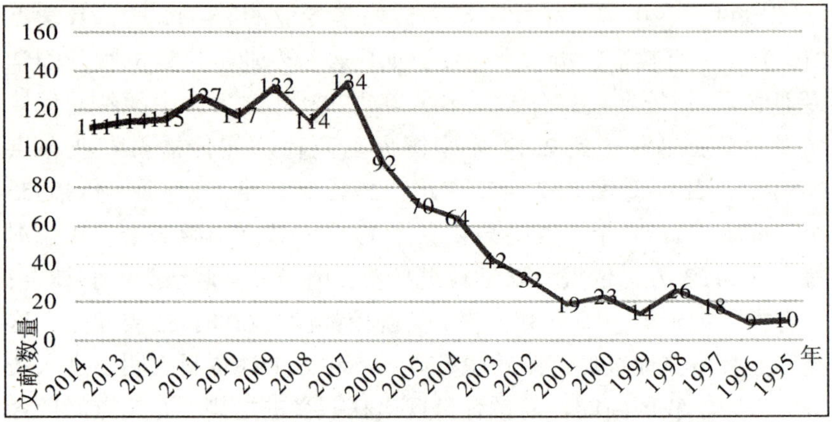

图 2-1　1995—2014 年中国新闻传播学教育研究文献数量统计

注：文献统计来源于 CNKI 收录的文献，检索条件为篇名含有“新闻教育”或“传播教育”或“传媒教育”或“媒介教育”（媒介、媒体、传媒三个词在很多文献中会混用），且主题为“教育”，学科领域选择为教育学（教育理论和管理、高等教育）和新闻传播学所属的“社会科学”及“资讯科技”，检索时间为 2015 年 8 月 20 日。

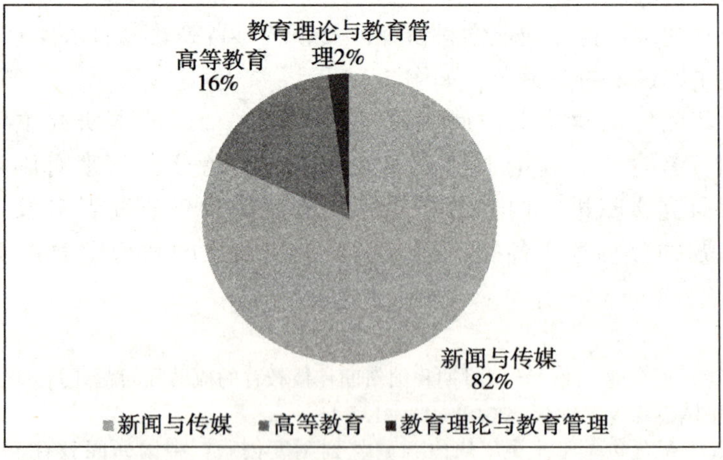

图 2-2　2000—2014 年中国新闻传播学教育研究文献数量分布前三位所涉及的学科

荣与彭阳红①把高等教育研究领域划分为高等教育基本理论、高等教育体制与结构、课程与教学、国际与比较高等教育、高等学校德育、高等教育史、高等教育学科建设等15个领域。因为新闻传播学只是中国大陆高等教育整体构成中的一个学科，所以文献中较少涉及教育行政管理、学生管理等内容，所以本研究从以下几方面探讨中国新闻传播学教育研究现状：

（一）中国新闻传播学教育研究的主题

1. 对新闻传播学教育历史、现状和未来的研究

这其中从历史性年代范围来梳理新闻传播教育状况的文献有不少，比如赵玉明等认为中国新闻传播学实现了从“量变”到“质变”，从“单一”到“多元”的跨越式发展；学科的整体结构将加强，跨学科研究逐步规范化，走上了专业化和科学化的道路。但问题在于：外延与扩张被过分强调，缺乏学科内容的发展；带来供大于求的人才超常发展问题；管理和监督的不足使得高层次人才培养质量堪忧；不合理的课程设置导致专业精神的迷失；整体无序、脱离实践，严重影响了新闻教育的质量与声誉；新闻传播学研究方法和理论都亟待创新②。吴信训从传播教育的历史和传播教育与新闻教育的争论，探讨了应该如何理解新闻教育与传播教育的关系，并着重阐述了新闻教育与传播教育的区别和两种教育人才培养目标的区别③。吴廷俊认为中国新闻传播学教育研究的基本问题有三：其一为新闻教育与传播教育的理念冲突；其二为新闻传播学的学术本位与教育本位的纠葛；其三为新

① 别敦荣，彭阳红. 近10年我国高等教育研究的现状与未来走向——以《高等教育研究》刊发论文为样本［J］. 高等教育研究，2008（4）：65-72.

② 赵玉明，庞亮. 从新闻学到新闻传播学的跨越——近十年来中国新闻传播学教育和研究新进展评述［J］. 现代传播：中国传媒大学学报，2008（5）：109-113

③ 吴信训. 世界新闻传播教育百年流变［J］. 新闻与传播研究，2009（6）：26-37.

闻传播教学的模式问题①。他还曾提出要真正解决中国新闻教育与新闻实践中的问题，并对信息时代的问题进行认真梳理，就必须对新闻教育和新闻教育实践的本质进行重新认识，加大新闻教育改革力度，从以往的教学内容调整、教学改革的方法到学校制度都要进行改革和创新②。

有些学者从代表性学校或者区域性教育出发来“映射”新闻传播学教育全域，比如蔡雯运用新闻学院个案分析，以中国人民大学本科教育改革作为样本，通过回顾和总结该校改革探索的十年经验，总结出新闻传播学本科教育需要解决的问题③。苏林森以2000年以来新开办的学院和系所为例，提出在21世纪新闻与传播院系的数量激增，过大招生规模导致了教师资源和学校硬件短缺、教学不规范等问题，新闻传播教育的发展水平受到了限制，需要注重培养应用型人才，增强专业特色，强调加强新媒体教育，建立和增进新闻传播教育退出机制和评价体系，确保新闻传播学教育健康发展④。朱秀凌以改革开放后福建高校新闻传播教育为例，从福建高校新闻教育的兴起、发展经历和问题入手进行了理论思考，从该省30年的新闻教育历程出发提出高校新闻传播教育的未来发展路径⑤。黄旦与肖晶以分析复旦大学新闻系在1956年的教育改革为重点，对新中国新闻教育的模式和路径的构建进行了总结，并以此为中国大陆新闻教育的一个历史缩影，论证了中国新闻教育后续改革的经验和基础条件⑥。邱沛篁以四川省为例，梳理改革开放30

① 吴廷俊. 问题与成绩同行：1978—2008中国新闻教育发展研究［J］. 新闻大学，2009（2）：33-42.

② 吴廷俊，王大丽. 从内容调整到制度创新：中国新闻教育改革出路［J］. 西南民族大学学报（人文社科版），2012，33（7）：150-154.

③ 蔡雯. 新闻传播教育的十年探索——对中国人民大学新闻学院本科教育改革的总结与思考［J］. 国际新闻界，2014（4）：135-143.

④ 苏林森. 我国新闻传播学教育的现状与问题——以2000年以来新办院系为例［J］. 中华文化论坛，2012（2）：159-163.

⑤ 朱秀凌. 改革开放30年来福建高校新闻传播教育的发展［J］. 学术评论，2009（6）：73-75.

⑥ 黄旦，肖晶. 走自己的路：新中国新闻教育改革的“先声”——1956年的复旦大学新闻系［J］. 新闻大学，2009（3）：14-21.

年来新闻传播学教育状况，他认为在该地区新闻传播教育的发展是不平衡的，虽然设置了很多专业，但质量有待提高，还有待于进一步形成关键和鲜明的特点，高校新闻媒介教育还应加快青年教师的培养①。沈惠娜探讨了台湾地区新闻传播学教育 20 年来的现状、经验和需要完善的地方，这些分析对于大陆的新闻传播教育提供了借鉴和启示②。陈静回顾了台湾地区学界在 1990—2001 年的十多年间新闻传播学教育领域的研究，并将该领域的研究成果与大陆学界进行了比较，以此总结出了台湾新闻传播学教育研究的三个特点③。

新闻传播学教育面临的挑战和未来的发展也是研究者关注的特点问题。面对媒介融合时代，单波与陆阳认为新闻传播已然进入了媒介融合时代，新闻教育要及时作出相应的调整，这包括及时更新教学观念，加强科学性和实用性的课程体系改革，加强实验教学，培养新闻传播实务界需要的复合型人才，以适应新闻传播变革的需要④。祝建华从“数据”新闻的出现，结合美国大学的实践对传播媒体教育人才培养提出了“个案导向的制作型”“个案导向的分析型”“资料导向的制作型”和“资料导向的分析型”四种新方式⑤。刘运来强调目前高校的新闻传播学教育和传媒业的记者都受到大数据浪潮的影响和挑战。教育实践者需要从教学方法、自媒体运用能力、知识系统多个方面有所变革⑥。

---

① 邱沛篁. 改革开放 30 年的四川高校新闻传播教育 [J]. 西南民族大学学报（人文社科版），2008，29（6）：143-147.

② 沈惠娜. 台湾新闻传播教育 20 年发展简述 [J]. 东南传播，2012（11）：87-88.

③ 陈静. 近十年台湾新闻传播学教育研究的视野 [J]. 新闻大学，2007（2）：90-94.

④ 单波，陆阳. 媒介融合时代的新闻传播教育创新 [J]. 湖北大学学报（哲学社会科学版），2010，37（4）：116-118.

⑤ 祝建华. 大数据时代的新闻与传播学教育：专业设置、学生技能、师资来源 [J]. 新闻大学，2013（4）：129-132.

⑥ 刘运来. 大数据时代下高校新闻传播学教育变革的思考 [J]. 新闻知识，2013（12）：80-81.

2. 对于新闻传播学具体教育环节的研究

在研究生教育方式上，吴锋与张先龙统计了 2010 年新闻传播学博士的招生资讯，他们提出：博士生教育在总体上属精英教育，但也存在培养质量下降、规模过大的风险。博士生教育培养规模的问题既涉及规模的大小，也涉及结构性调整，还与质量改进有关①。曾建雄、曾俊、邓文艳则关注国内新闻学类硕士研究生的培养模式和研究生人才教育存在的突出问题，提出应以实务课和实践环节的教学为突破口，强化学生的专业素养和实践能力。探索研究生培养模式改革与课程创新，并提出切实可行的方式：以实践教学和业界实践作为突破口，对学生的专业知识和实践能力予以加强②。

在专业设置的研究上，余红与吴琼总结各高校办学实践中网络与新媒体专业教育的五种教学模式，对存在的共性问题进行了分析。以华中科技大学网络传播专业作为个案，提出了网络与新媒体专业改革的建议③。王锡苓、姚慧、段京肃描述了中国新闻传播教育中实证研究方法课程在整个学科课程体系中的现状，归纳和分析了实证研究方法教学中现有的问题，总结了相应的完善方式④。陈勇、徐小立、刘祥平从整体上比较、分析了目前中国高校新闻学教育的三种培养模式，即专业教育、通识教育和交叉培养的区别与联系⑤。

---

① 吴锋，张先龙. 扩张还是紧缩：对中国新闻传播学博士教育规模的审思——基于 2010 年新闻传播学博士招生信息的统计研究［J］. 现代传播：中国传媒大学学报，2011（2）：127-131.

② 曾建雄，曾俊，邓文艳. 新闻传播类硕士研究生教育的危机与转机——关于变革国内研究生人才培养模式的深层思考［J］. 现代传播：中国传媒大学学报，2010（3）：122-128.

③ 余红，吴琼. 我国网络与新媒体专业教育探索与思考——对华中科技大学网络传播专业十七年“试错”的反思［J］. 东南传播，2014（5）：55-58.

④ 王锡苓，姚慧，段京肃. 对实证研究方法课程在我国新闻传播学教育中现状的思考［J］. 国际新闻界，2007（7）：49-52.

⑤ 陈勇，徐小立，刘祥平. 中国新闻学教育现行人才培养模式探讨［J］. 贵州民族大学学报（哲学社会科学版），2014（4）：115-118.

陈力丹分析并总结了世界和中国范围内新闻传播学方面的基础文献建构，他提出目前制约新闻传播学科发展的主要问题是：单纯的数量快速扩张阻碍了新闻传播学科学术品质的提升，“经世致用”的要求造成学者长期关注和讨论的内容囿于眼下的问题①。

3. 探寻其他国家新闻传播学教育

王大丽搜集了美国新闻传播教育专刊《新闻与大众传播教育者》（*Journalism & Mass Communication Educator*）的 148 篇研究性论文，并运用内容分析方法对文献进行了研究，其结论有：美国新闻传播研究课题涵盖的内容丰富，对理论的争议较少，和教育制度、教学方法、教学内容相关的其他问题数量增多；研究方法往往使用调查、定量研究分析和其他方法；新闻和传播教育的核心目标不是培养某一种类型媒体的合格人员，而是认为学生的专业要求必须达到专业领域的基本技能；研究者具有多学科、国际化和多层次的特征②。

郑敏与章于炎介绍了美国高校应对新闻媒介融合时代的案例，即密苏里大学增设的多种课程内容，如多媒体网页设计师、销售经理、多媒体内容制作、交互式图表或图表设计师、程序开发人员、营销信息管理多媒体部门协调员，以这些经验说明多媒体内容制作和行销管理知识等对新媒体专业教育有重要意义③。

吴锋、张佳慧、夏鸿斌对英国的谢菲尔德大学、莱斯特大学、拉夫堡大学、诺丁汉特伦特大学、伦敦国王学院、卡迪夫大学、东安格利亚大学、华威大学、玛丽皇后学院等新闻传播教育领域的顶尖院校进行了资料搜集，调查和分析了它们新闻传播教育的学科发展情况、师资结构、课程设计和学术研究等特点，这些分析对中国

---

① 陈力丹. 新闻传播学科发展的文献保障与实践基础［J］. 新闻大学，2013（4）：6-14.

② 王大丽. 美国新闻传播教育研究现状——基于《新闻与大众传播教育者》2003—2012 年论文的分析［J］. 国际新闻界，2013（2）：165-176.

③ 郑敏，章于炎. 媒介融合时代美国密苏里新闻教育的变革与创新［J］. 国际新闻界，2014（4）：170-176.

新闻传播教育改革具有参考意义①。雷跃捷与高昊论述了日本早稻田大学新闻学院对高层次新闻传播专业人才的培养内容和值得吸取的经验②。

马嘉认为日本新闻教育的目标是培养具备执著学术理想的新闻理论研究者，怀有批判精神、职业理想和道德的新闻工作人员，具有媒介素养的公民。日本新闻教育的人才培养观的转变源自于社会生产和流通部门越来越青睐高层次的应用型人才③。

（二）中国新闻传播学教育研究中文献计量研究分析法的使用

由于本研究采用了科学知识图谱的分析方法，所以在进行文献搜集时格外注重相似或同类方法的文献研究，通过阅读发现，目前中国新闻传播学研究中使用最多的是思辨性定性研究，使用定量研究的方法不多。研究者在 CNKI 上搜集到的只有《我国新闻学与传播学研究热点知识图谱分析——基于 CSSCI（2000—2011 年）》和《基于 CSSCI（2000—2011）的我国新闻学与传播学学科知识图谱研究》这两篇与新闻传播学有关，且研究主题并未涉及历史时间段的整体性教育研究。

在使用文献计量研究方法的教育研究文献中，主题内容是对学科理论、知识和学科特征的研究，数量上也是凤毛麟角，例如：张忠民、阳欣哲、张国良对“媒介”“媒体”“传媒”这三个词在新闻传播类核心期刊《新闻记者》《新闻大学》《现代传播》和《新闻与传播研究》的使用情况的研究④。王贺新以 1979—2011 年近

---

① 吴锋，张佳慧，夏鸿斌. 英国新闻传播教育的发展路径——基于十所顶尖新闻传播院系的调查研究［J］. 传媒，2015（5）：49-52.

② 雷跃捷，高昊. 从职场培养到学院专业教育——早稻田大学濑川至朗教授谈日本新闻传播教育转型［J］. 新闻记者，2014（10）：16-21.

③ 马嘉. 论日本新闻教育的人才培养观［J］. 当代传播，2008（3）：74-75.

④ 张忠民，阳欣哲，张国良. 新闻传播学领域对“媒介”、“媒体”、“传媒”三词使用现状分析——以文献计量方法对四种专业核心期刊的研究［J］. 新闻记者，2010（12）：48-52.

30年间中国新闻传播类四种期刊为检索范围，结合历史和逻辑分析了职业道德与规范以及新闻伦理研究领域的特点和范围①。丁汉青与曹璞运用内容分析和共词分析这两种文献计量学的方法，对EBSCO资料库中收录的传媒经济学在2013年发表的有关英文学术论文进行了定量分析，总结了国外传媒经济学研究的热点和研究学者的分布情况②。冉华与王凤仙以CSSCI收录的经济类、新闻传播类共88种来源期刊为资料，检索得出1108篇传媒经济学研究论文，并利用文献计量的方法对传媒经济学发展现状进行了评析③。王冰雪通过对CNKI资料库中2004—2014年新闻传播学科范围内以"草根"为议题的研究文献进行对比分析，总结出当前社会转型期中"草根"群体在面对媒体技术变革、传播环境变迁时所表现出的发展趋势、发挥的作用④。陈祖琴与张艳琼利用文献被引半衰期、引用半衰期指标及其相关影响因素对新闻传播学科进行了研究并发现：新闻与传播学期刊文献资料规范不够，适用时间比较短，对国内外研究的前沿问题缺少关注，很多研究仍在介绍工作方法和操作技巧，低水平重复的现状明显。这些结论与陈韬文先生对该学科的评价一致，也证明文献计量学是研究该学科研究主题的可行方法⑤。

---

① 王贺新. 新闻伦理、职业道德与规范研究的知识地图——对1979年到2011年新闻传播类四大期刊相关文献的计量分析［J］. 新闻大学，2013（1）：138-148.

② 丁汉青，曹璞. 2013年境外传媒经济研究热点与场域——基于文献计量学的方法探索［J］. 新闻与传播研究，2015（4）：61-82.

③ 冉华，王凤仙. 基于文献计量分析的我国传媒经济学研究现状［J］. 新闻大学，2014（6）：96-101.

④ 王冰雪. 新媒体环境下"草根"议题发展研究——基于CNKI新闻传播学科文献统计分析［J］. 传媒，2014（16）：71-72.

⑤ 陈祖琴，张艳琼. 基于学科文献半衰期探寻我国新闻传播学科特征［J］. 图书与情报，2015（1）：96-99.

邵培仁与廖卫民基于对1978年以来的新闻传播学学术文献的数量统计，探讨学科研究焦点和学术生态①。刘芳、邓三鸿、王昊比较分析了新闻学与传播学类期刊的二次文献转载、Web即年下载率的资料，其研究结论客观评价了新闻传播学期刊的学术水准和学术品质，并为期刊发展方向提供了宝贵的参考建议②。徐剑分析了CSSCI、CNKI两个资料库中新闻传播学自1978—2007年30年以来的高被引论文，找出新闻传播学学术研究中存在的一些学科新兴、外在保守等共性问题③。张志安与贾鹤鹏对SSCI期刊相关论文进行了文献计量的分析，并以此评析中国新闻传播研究者的国际学术生产能力，并提出中国新闻传播学研究者需要着重思考怎样提升中国新闻传播学国际化的问题④。李武对67种被SSCI收录的新闻传播学国际期刊进行了分析，认为新闻传播学国际期刊的出版态势具备的特征有5个⑤。

从表2-1可以发现，中国新闻传播及其教育研究文献中已经有使用文献计量学方法来呈现学科研究问题，但大多针对教育研究中的某个问题进行分析，尚未有运用科学计量学对学科教育进行系统性研究的文献，这也为本研究留下了学术创新空间。

---

① 邵培仁，廖卫民. 中国新闻传播学30年学术论争的文献统计分析［J］. 当代传播，2009（1）：8-11.

② 刘芳，邓三鸿，王昊. 2004—2006年中国新闻学与传播学期刊二次文献转载及Web即年下载率分析［J］. 出版科学，2008，16（5）：33-38.

③ 徐剑. 中国新闻传播学高被引论文分析——基于CSSCI、CNKI两个主流引文数据库的研究［J］. 上海交通大学学报（哲学社会科学版），2009，17（1）：65-72.

④ 张志安，贾鹤鹏. 中国新闻传播学研究的国际发表现状与格局——基于SSCI数据库的研究［J］. 新闻与传播研究，2015（5）：5-18.

⑤ 李武. 新闻传播学国际期刊出版态势——基于SSCI期刊的计量分析［J］. 出版发行研究，2013（1）：85-89.

表 2-1　　近十年新闻传播学研究文献（核心期刊）中计量学使用统计表

作者	题名
刘芳（2008）	2004—2006 年中国新闻学与传播学期刊二次文献转载及 Web 即年下载率分析
邵培仁与廖卫民（2009）	中国新闻传播学 30 年学术论文的文献统计分析
陈映（2009）	规制变革：媒介融合研究的新定向——基于文献回顾与探讨
徐剑（2009）	中国新闻传播学高被引论文分析——基于 CSSCI、CNKI 两个主流引文资料库的研究
张忠（2010）	新闻传播学领域对“媒介”“媒体”“传媒”三词使用现状分析——以文献计量方法对四种专业核心期刊的研究
陈红（2011）	美国媒体是怎样报道国际新闻的？——对相关研究文献的回顾
郜书锴（2012）	媒介融合视域下新闻学研究的 8 个新议题——基于国外新闻学研究者的文献综述
王贺新（2013）	新闻伦理、职业道德与规范研究的知识地图——对 1979 年到 2011 年新闻传播类四大期刊相关文献的计量分析
李武（2013）	新闻传播学国际期刊出版态势——基于 SSCI 期刊的计量分析
冉华与王凤仙（2014）	基于文献计量分析的我国传媒经济学研究现状
王冰雪（2014）	新媒体环境下“草根”议题发展研究——基于 CNKI 新闻传播学科文献统计分析
陈祖琴与张艳琼（2015）	基于学科文献半衰期探寻我国新闻传播学科特征
丁汉青与曹璞（2015）	2013 年境外传媒经济研究热点与场域——基于文献计量学的方法探索
张志安与贾鹤鹏（2015）	中国新闻传播学研究的国际发表现状与格局——基于 SSCI 资料库的研究

（三）外文相关主题的研究

虽然中国新闻学教育历史已有九十多年，但作为发展中国家，其教育事业受到经济和社会整体发展水准的制约，该学科在世界范围的影响不如美国、英国等发达国家，所以有关中国新闻传播学教育研究的文献绝大多数为中国本地研究者所著。在有限的外文文献中，本研究选取了几篇较有代表性的论文进行分析，如表2-2所示，这些文献大多关注中国新闻传播学教育的“变革”，即社会、经济或者文化对该学科的影响。如Hao X. & Xu X. 的研究虽然是针对长达八十年新闻教育的关注，但重点是提出中国的新闻教育模

表2-2　　**中国新闻传播学教育研究英文文献（部分）**

作者	论文	主题
Li Xiguang（2008）	Journalism education in China needs a revolution	中国新闻教育变革
Yong Z Volz，Chin-Chuan Lee（2009）	American pragmatism and Chinese modernization：importing the Missouri model of journalism education to modern China	密苏里新闻教育模式对中国新闻教育的影响
YuXu，Leonard L Chu，Guo Zhongshi（2002）	An analysis of China's journalism education under social transition	经济和社会变革环境下中国新闻学教育的特点分析
Xiaoming Hao，Xiaoge Xu（1997）	Exploring between two worlds：China's journalism education	中国新闻教育的历史发展及其路径
ColinSpar，Jingrong Ton（2009）	Investigative journalism In China today	调查性新闻报道在中国的发展

式受到前苏联和美国两个国家的影响①，外文文献中尚未有着重关注中国新闻传播学教育研究的演进与发展。

首先，当前中国新闻传播学教育研究成果数量不少，但由于新闻传播学具有跨学科特性，大多数的研究主要是针对新闻传播学教育某个领域进行的研究，而在探究学科教育领域整体性系统研究能量的分布，及研究主题的演进趋势为何，并无系统化完整性的探讨，即对新闻传播学学科领域的研究主题演进追踪与探究还欠深入。新闻传播学的知识具有动态的流动特性，影响其过程与状态因素错综复杂，虽然有学者从新闻传播学教育研究热点主题演进、历史时期变化等观点来进行追踪研究，但并未从研究方法上进行系统、科学地分析，因此无法充分揭示新闻传播学教育研究在不同阶段的演进和发展规律。

其次，从已有文献整体来看，目前中国新闻传播学教育研究方法还是倚重定性与思辨研究，定量与实证性的调查访谈、量化分析研究较少。定性与思辨研究的特点是：研究材料的引用与分析比较散乱，不作系统收集和分析原始资料的要求，而是依靠研究者通过个人悟思、哲学分析、文献概括、归纳演绎等思辨的方式进行，是研究者个人观点和感受的阐发，因而这类研究文献的品质和影响力与研究者本人的学术思考能力有非常密切的联系。

另外，目前已有的运用文献计量分析的文献只对中国新闻传播学教育研究中的某个问题从时间趋势与数量变化，以及现有领域分类层面进行分析与解读，容易忽略学科领域整体发展过程中与其他子学科知识的动态演进过程，与学科领域演进的特征与规律，以及新闻传播学教育在整个教育体系中所扮演的角色，还有与其他相关学科或学科领域之间的关系。

综上所述，本研究期望能展现新闻传播学教育研究领域明晰的演进发展情形，促使后续研究者在相关研究的资讯掌握上能快速了

① Xiaoming H, Xiaoge X. Exploring between Two Worlds: China's journalism education. [J]. Journalism & Mass Communication Educator, 1997, 52 (3): 35-47.

解学科教育领域发展的核心方向，这些也是新闻传播学教育的研究人员急需了解的问题，亦是本研究之目的。

第二节　科学知识图谱研究综述

本节重点在于说明本研究的方法论基础，即科学知识图谱的基本理论和科学知识图谱的基本绘制方法。

一、科学知识图谱基本理论

（一）知识图谱的概念及应用

科学知识图谱，是显示科学知识的发展进程与结构关系的一种图形，它是以科学知识为计量研究对象的，属于科学计量学（Scientometrics）的范畴，是用定量统计方法发现科学知识指数增长规律的科学。计量学奠基人普赖斯是科学知识图谱的早期开拓者。随着科学计量学的发展，描绘科学知识和科学活动规律的数学模型，逐渐从二维空间模型发展为开始运用三维空间模型，科学知识图谱也相应地从简单的曲线图发展为较复杂的三维立体图。科学知识图谱定义为视觉化地描述人类随时间拥有的知识资源及其载体，绘制、挖掘、分析和显示科学技术知识以及它们之间的相互联系，在组织内创造知识共用的环境以促进科学技术研究的合作和深入。其描述的对象主要包括：从事科学技术活动和作为知识载体的人，显性或编码化的知识，以及过程或方法①。

在中国最先命名和引入科学知识图谱的是来自大连理工大学——德雷塞尔大学（美国）知识视觉化与科学发现联合研究所的学者陈悦和刘则渊，他们在《科学学研究》上发表文章介绍了科学知识图谱的发展历程，也开启了科学知识图谱在国内的传播和研究。但需要说明的是，“知识图谱”是国内学者刘则渊和陈悦对这

---

① 陈悦，刘则渊，陈劲，等. 科学知识图谱的发展历程［J］. 科学学研究，2008，26（3）：449-460.

一产生于国外的理论的命名，国外相关领域研究并没有采用统一的“知识图谱”概念，所以在评述这个概念时，本研究主要以国内学者的文献为主，而国外相关领域的研究评述将具体放在后面“科学知识图谱理论与方法的发展”这个部分中讨论。

国内其他学者在描述知识图谱的定义时大同小异，如表2-3所示，同在都认为知识图谱可以揭示科学知识发展进程与结构关系的方法；异在强调定义内容侧重点时，在外部特征、学科基础（应用数学、电脑科学、科学学、资讯科学、统计学、图形学等）、绘制方法（引文分析、共现分析、社会网络分析等）等上有所不同。知识图谱研究人员多认为它属于科学计量学的学科范畴，但由于在研究对象、方法及理论基础等方面的一致性，科学计量学与文献计量学、资讯计量学等领域也有对知识图谱的研究①。

表2-3 **知识图谱的定义比较表**

学者及年份	知识图谱的定义	强调侧重点
陈悦（2005）	科学知识图谱是显示科学知识的发展进程与结构关系的一种图形，当它在以数学方程式表达科学发展规律的基础上，进而以曲线形式将科学发展规律绘制成二维图形时，便成为最初的知识图谱	外部特征为图形
刘泽渊（2008）	科学知识图谱是以科学知识为对象，显示科学知识的发展进程与结构关系的一种图形。它视觉化地描述人类随时间拥有的知识资源及其载体，绘制、挖掘、分析和显示科学技术知识以及它们之间的相互联系，在组织内创造知识共享的环境以促进科学技术研究的合作和深入	外部特征为图形

① 赵丙军，王旻霞，司虎克．基于CiteSpace的国内知识图谱研究［J］．知识管理论坛，2012（8）：25-33.

续表

学者及年份	知识图谱的定义	强调侧重点
梁秀娟（2009）	科学知识图谱是一种以科学知识为计量研究对象，将复杂的科学知识领域通过资料采撷、资讯处理、知识计量和图形绘制的图形，以视觉化的方式显示科学知识的发展进程与结构关系，揭示科学知识及其活动规律，展现知识结构关系与演进规律	学科基础为科学计量学
秦长江（2009）	知识图谱在图书情报界，也称知识域视觉化或知识领域映射地图，是把应用数学、图形学、资讯视觉化技术、资讯科学等学科的理论与方法和计量学引文分析、共现分析等方法结合，用视觉化的图谱形象地展示学科的核心结构、发展历史、前沿领域以及整体知识架构的多学科融合的一种研究方法	绘制方法
任红娟（2009）	科学知识图谱是将传统的文献计量方法与现代的文本挖掘和复杂网络、数学、统计学、电脑科学方法以及视觉化技术等有机地整合在一起的一种综合分析科学发展的知识探索方法	学科基础为文献计量学
杨国力（2010）	科学知识图谱是把应用数学、电脑科学、科学学、资讯科学等学科的理论和方法与科学计量学引文分析、共现分析、社会网络分析等方法结合，用视觉化的图谱形象地揭示科学发展进程和结构关系的一种研究方法	学科基础与绘制方法

目前，国内外许多科学领域的研究者们开始运用科学知识图

谱，其原因在于人类感知外部信息体验中发挥主导作用的是视觉体验和认知，而科学知识图谱具备视觉化这个最突出的特点。图形图像是形成视觉体验的首要因素，而科学知识图谱的最大特点即是用直观、图形化的方式呈现科学知识、数据和信息，其作用比文本信息要直观生动，符合人类的认知习惯，图片的直观性和易理解性会胜过数千字的描述①。陈悦和刘则渊认为科学知识图谱在学科研究中主要可以实现八大功能：揭示科学中潜在的学科结构、追踪科学研究的前沿问题、探测某一时期科学研究热点、剖析科学发展演化历程、研究并分析科研合作网络、评估某科学家的学术地位、构建科学发现的理论体系、辅助决策者制定科学发展方案②。这是因为科学研究中引文与被引文之间存在着研究内容上的必然关联。研究学科作者群体和学科间的渗透关系、分析学科与学科之间的衍生关系及拓扑结构，都可以运用引文聚类分析方法，特别是引文间的共被引知识图谱作为研究的理论依据。在此基础上，通过对学科起源背景、发展全貌以及取得的突破性进展进行研究和总结，揭示学科的动态渗透结构和未来的发展走向③。也因为科学计量学与文献计量学之间的密切联系，知识图谱已经成为目前文献计量共被引分析研究的主要表现形式。国外研究人员 White，McCain，Garfield，Huang 等对知识图谱的用途扩充到：文献、专利的结构分析；学科动态、社会网络、领域发展分析等。Shiffrin 等认为，涉及展开的学科间科学区域的知识图谱旨在绘制图形、挖掘、分析、分类、导航以及显现知识等④。国内学者杨思洛与韩瑞珍曾对 1981 年至 2012 年科学知识图谱的研究和应用领域做过统计分析，发现科学

---

① Larkin J H, Simon H A. Why a diagram is (sometimes) worth ten thousand words [J]. Cognitive Science, 1987, 11 (1): 65-100.

② 陈悦，刘则渊，等. 悄然兴起的科学知识图谱 [J]. 科学学研究，2005, 23 (2): 149-154.

③ 侯海燕. 科学计量学知识图谱 [M]. 大连：大连理工大学出版社，2008.

④ Reid E F, Chen H. Mapping the contemporary terrorism research domain [J]. International Journal of Human-Computer Studies, 2007, 65 (1): 42-56.

知识图谱的研究广泛分布在国内外的管理学、经济学、情报学、教育学等学科①。

（二）科学知识图谱理论发展概述

科学计量学的开创者是20世纪50年代的普赖斯，他论证了贝尔纳分析科学的三大特征：定量研究、理论模式、政策与管理研究，将科学计量学纳入科学学研究领域，此后视觉化研究成为科学计量学领域中的研究热点，在此基础上产生了以引文分析方法和信息可视化方法为根基的科学知识图谱研究②。

历史同一时期，加菲尔德这位美国科学情报研究所（ISI）的创始人在《科学》上发表了关于引文搜索的文献 *Citation indexes for science: A new dimension in documentation through association of ideas*③，这篇文章被视为引文分析方法的奠基之作。加菲尔德之后于1963年编写的《科学引文索引》（Science Cited Index，SCI），实现了科学计量学从历史分析到引文分析的转变。怀特和麦肯恩认为《科学引文索引》（SCI）是科学资讯检索领域具有极大影响的里程碑式突破④。此后，普赖斯在《科学文献的网络》文中首次阐释了“研究前沿”的含义⑤；加菲尔德在 *The Use of Citation Data in Writing the History of Science* 中绘制了遗传物质DNA研究的发展演进图谱。

20世纪70年代间，科学计量学家亨利·斯莫尔依据SCI资料

---

① 杨思洛，韩瑞珍．知识图谱研究现状及趋势的可视化分析［J］．情报资料工作，2012（4）：22-28.

② 庞景安．科学计量研究方法论［M］．北京：科学技术文献出版社，1999.

③ Larkin J H, Simon H A. Why a Diagram is (Sometimes) Worth Ten Thousand Words [J]. Cognitive Science, 1987, 11 (1): 65-100.

④ Mccain K W. Neural networks research in context: A longitudinal journal cocitation analysis of an emerging interdisciplinary field [J]. Scientometrics, 1998, 41 (3): 389-410.

⑤ 杨国立，李品，刘竞．科学知识图谱——科学计量学的新领域［J］．科普研究，2010，05（4）：28-34.

库绘制了粒子物理学科的高被引论文的共引网络图谱，由此丰富了引文分析的方法，亨利·斯莫尔在其研究中首次提出了“共引”的概念，介绍了共引的分析方法，还界定了“共引强度”的定义用来测量论文的共引程度①。

在以上计量学家及其理论的贡献之后，资讯视觉化发展成为科学知识图谱发展的新阶段。1987 年，美国国家科学基金会（National Science Foundation，NSF）公布的研究报告 *Visualization in scientific computing*：*Report of the NSF Advisory Panel on Graphics*（科学计算中的视觉化）称科学视觉化将成为美国国家科学基金会资助的新研究领域，该报告可视为科学视觉化研究领域正式产生的标志。斯图尔特·卡德和约克·麦金利以及乔治·罗伯逊于 1989 年首次提出了“资讯视觉化”（Information Visualization），并解释这种理论、技术与方法的最大特点是用互动式视觉表现非空间的、非数值的和高维资讯②。

1999 年后，美国德雷塞尔大学（Drexel University）陈超美教授成为资讯视觉化技术领域代表人物之一，他先后出版《资讯视觉化与虚拟环境》、《科学前沿图谱》③，2013 年再版《科学前沿图谱》，不断开拓引文分析和视觉化资讯技术结合的新成果，研究出了资讯视觉化软件 CiteSpace。另外学者 Card，Mackinlay，Shneiderman 汇编《资讯视觉化概览：用视觉思考》④，以及《资讯视觉化：设计互动》⑤ 等著作大量涌现，这些科研成果直接促使新一代

---

① Small H, Griffith B C. The structure of scientific literatures I：Identifying and graphing specialties [J]. Science Studies, 1974, 4 (1)：17-40.

② Card S K, Mackinlay J D, Shneiderman B. Readings in information visualization - using vision to think. [C] // Series in Interactive Technologies. Morgan Kaufmann Publishers Inc. 1999.

③ Chen C. Mapping scientific frontiers：The quest for knowledge visualization [M]. London：Springer. 2003

④ Card S K, Mackinlay J D, Shneiderman B. Using vision to think [C] // Readings in Information Visualization. 1999：579-581.

⑤ Spence R. Information Visualization：Design for Interaction (2nd Edition) [M]. Prentice-Hall, Inc. 2007.

资讯视觉化技术在文献计量学领域形成主体地位。

二、科学知识图谱绘制的基本方法

（一）多元统计分析

多元统计分析是一种综合分析方法，由经典统计学发展而来，属经典统计学的一个分支，它能够在多个物件和多个指标互相关联的情况下分析它们的统计规律，在本研究中运用的有聚类分析、因数分析、多维尺度分析等，其主要介绍研究者自行整理如表 2-4 所示。

表 2-4　　多元统计分析方法类别

方法	内容	科学研究中的作用
因数分析（Factor Anayasis）	因数分析就是用少数几个不相关的综合因素来描述许多资讯重叠，具有错综复杂关系的指标或因素之间的联系的多元统计分析方法，即将比较密切的几个变数归集于同一类中，每一类变数就成为一个公共因素，用比较少的几个因数来反映原资料的大部分资讯，同类中的变数之间相关性较高，不同类的变数相关性较低或不相关①	学术群体或学者的分布状况
聚类分析 Cluster Analysis）	聚类分析是根据研究对象的特征，按照物以类聚的原则，将研究对象进行分类的一种分析方法。通过聚类分析，可以实现组内的研究物件具有较高的相似性，而组间的资料之间具有较大的差异性。其基本思想是认为研究对象之间存在着程度不同的亲疏关系②	文献、著者、关键字、期刊或学科间的联系以及结构变化

① 侯海燕. 科学计量学知识图谱［M］. 大连：大连理工大学出版社，2008.

② 薛薇. SPSS 统计分析方法及应用［M］. 北京：电子工业出版社，2013.

续表

方法	内容	科学研究中的作用
多维尺度分析(Multidimensional Scaling Analysis)	多维尺度分析的主要思想是通过测定观测量之间的距离来发现各个观测量之间的结构，其过程是通过将观测量定位到概念空间（通常情况下是二维或三维的空间）的一个特定的位置，使得空间中观测量的距离相似性越近越好。在多维尺度分析图中，被分析的观测量以点状分布，每个点的相对位置反映了分析对象之间的相似性。高度相似性的对象会聚集在一起，进而形成一个类别，同时越靠近中间的对象其地位就越核心①	研究领域、思想流派或学术共同体在学科里的地位

(二) 词频分析法

词频分析法是利用能够揭示或表达文献核心内容的关键字或主题词在某一研究领域文献中出现的频次高低来确定该领域研究热点和发展动向的文献计量方法。“由于一篇文献的关键字或主题词是文章核心内容的浓缩和提炼，因此，如果某一关键字或主题词在其所在领域的文献中反复出现，则可反映出该关键字或主题词所表征的研究主题是该领域的研究热点”②。词频分析方法的基本理论依据是美国学者 G. K. 齐普夫于 20 世纪 40 年代提出的词频分布定律，齐普夫在 1935 年对大量统计材料进行了系统的分析后提出了

① 张晗，王晓瑜，崔雷. 共词分析法与文献被引次数结合研究专题领域的发展态势 [J]. 情报理论与实践，2007，30（3）：378-380.

② 马费成，张勤. 国内外知识管理研究热点——基于词频的统计分析 [J]. 情报学报，2006，25（2）：163-171.

有关词频分布规律的齐普夫定律①，其内容可以表述为：假设统计一篇较长文章中每个词出现的频次，并且按照前为高频词、后为低频词的顺序进行递减排列，再用自然数作为这些词的等级序号，即等级 1 是频次最高的词，等级 2 是频次次之的词……等级 D 为频次最小的词。如果频次以 f 来表示，等级序号以 r 来表示，则可以得出 $fr=C$（C 为常数）。

在科学计量学研究中词频分析法多用于学科领域的前沿研究，比如《开放课程热点问题研究——基于词频分析和共词聚类技术》② 和《近十年国内外教师资讯化教学研究热点与发展趋势分析——基于知识图谱的词频分析》③ 就是运用该方法研究教育学领域中的开放课程和教师资讯化教学研究的热点问题。

（三）共词分析（Co-word Analysis）

共词分析方法的主要特点是强调关键字在文献计量研究中的作用，这种方法假设文献的关键字可以较准确地描述文献内容，概括多篇论文间的关系，而标志文献间的主题关联性的标志物即是两个关键字在同一篇文献中共同出现④。共词分析法属内容分析方法，共词分析法的基本原理是在同一篇文献中统计一组关键字或主题词两两出现的次数，再用聚类分析对次数结果进行分析，关键字之间的联系、亲疏程度可以呈现高频关键字的聚类结果，而共词分析中

① 邱均平. 信息计量学第五讲文献信息词频分布规律——齐普夫定律［J］. 情报理论与实践，2000（5）：77-81.

② 那一沙，张凯晴，夏军. 开放课程热点问题研究——基于词频分析和共词聚类技术［J］. 西南交通大学学报（社会科学版），2015，16（2）：82-88.

③ 张振威，伍文燕，常亚洁，等. 近十年国内外教师信息化教学研究热点与发展趋势分析——基于知识图谱的词频分析［J］. 中国教育信息化，2015（7）：16-19.

④ Cambrosio A，Limoges C，Courtial J P，et al. Historical scientometrics? Mapping over 70 years of biological safety research with coword analysis［J］. Scientometrics，1993，27（2）：119-143.

所涉及的词往往代表了某个学科和主题研究，因此通过分析这些词语的关系可以展现学科或者主题的结构变化。

（四）引文分析（Citation Analysis）

中国科学计量学家邱均平认为引文分析是运用数学、统计学以及比较、概括、归纳等多种方法对期刊、论文、作者等研究对象进行关系研究，这里的“关系”即期刊、论文、作者之间的引用与被引用关系。引文分析是一种文献计量研究方法，它以展现各分析对象内部存在的数量特征和内在规律为特点①。其作用是从文献的引用频次中，反映文献之间的关联性、学科领域的引用特性以及文献作品与学科地位。科学引文与被引文之间往往有着学科内容上的联系。通过引文聚类分析，特别是对引文间的网状关系进行研究，能够探明有关学科之间的亲缘关系和结构，划定某学科的作者集体，分析推测学科间的交叉、渗透和衍生趋势，还能对某一学科的产生背景、发展概貌、突破性成就、相互渗透和今后发展方向进行分析，从而揭示科学的动态结构和某些发展规律②。在现实科学研究工作中，引文分析运用广泛，在诸如确定学科的影响及重要性、研究学科情报源分布、确定核心期刊、科学研究和信息传递规律、信息用户需求特征和评鉴学科与人才水平等领域都可以运用这种方法。

但是引文分析法也有一定的局限性，引文的篇数多寡不能视为品质的唯一标记，因为很少被引用的并不表示这篇论文品质就不高。所谓“科学睡美人”（sleeping beauties in science）就是这个现象，即指那些长期不被引用（10~20 年休眠）然后突然成为高被引论文③。所以 Egghe & Rousseau 提出引文分析法结果解读的四项

① 邱均平. 信息计量学［M］. 武汉：武汉大学出版社，2007.

② 邱均平. 信息计量学（九）：第九讲 文献信息引证规律和引文分析法［J］. 情报理论与实践，2001，24（3）：236-240.

③ Raan A F J V. Sleeping Beauties in science［J］. Scientometrics，2004，59（3）：467-472.

假设：（1）引用关系之文献在内容上具有某种程度的关联；（2）被引资料一定为作者所用；（3）引用资料表示对被引资料的肯定；（4）只有最好的作品才会被引用，是建立在行为认知上①。

（五）共被引分析方法

共被引分析方法是由美国学者 Small② 与俄国学者 Marshakova③ 分别在研究文献的引证结构与文献分类时提出的一种测量文献关系之间的分析方法，其目的在透过本文的参考文献引用，将文献之间所存在的引用关系加以计量与分析，用来揭示学科领域中研究主题的演进发展现状，乃至随着时间推移演进的趋势变化情况，形成所谓的知识演进议题间相关程度的集群或流派，用来探索学科领域中的研究前沿等。两篇文献构成共被引关系的条件是这两篇论文同时出现在第三篇文献的参考文献中。运用多元统计技术，如因子分析、聚类分析和多维尺度分析，可以按照共被引关系对某个学科领域的重要文献期刊进行分类，以确定学科研究主题的变化和发展模式。共引分析与其他主观性较强的方法如学者个体思考归纳、群体访谈调查相比较，其客观性、科学性的优势显露无疑④。共被引分析可以分为以下几类：文献共被引分析（DCA）、期刊共被引分析（JCA）、作者共被引分析（ACA）、学科共被引分析（SCA）等，如表 2-5 所示。该方法不仅在资讯检索上具有相当大的效益，近年来亦被用于确认研究主题与研究前沿。

---

① Egghe L, Rousseau R. Introduction to Informetrics : quantitative methods in library, documentation and information science [J]. 1990.

② Small H. Co-citation in the scientific literature: A new measure of the relationship between two documents [J]. Journal of the Association for Information Science and Technology, 1973, 24 (4): 265-269.

③ Marshakova I V, Marshakova I V. A System of Document Connections Based on References [J]. 1973.

④ 刘林青. 作品共被引分析与科学地图的绘制 [J]. 科学学研究, 2005, 23 (2): 155-159.

表 2-5　　**共被分析方法类别**

方法	科学研究中的作用
文献共被引分析(document co-citation analysis,DCA)	透过文献共被引分析法可找出后来出版的文献及其连结，用来探测学科领域的结构，当文献共被引的次数分布改变，或达一定门槛值时，可动态的反映学科领域主题与学术流派上的关系，在图谱上文献共被引次数高的组群会较靠近，反之则会较分散。通过文献的共被引相关集群的分析、集群网络及其变化，显示共被引的参考文献间的结构关系，进而反映学科领域的研究领域、发展趋势与核心文献
作者共被引分析(author co-citation analysis，ACA)	了解同领域研究者著作情况、作者群的变化，推测学科领域的发展趋势。基于文献共被引概念，将共被引分析法单位从文献单元转移至作者的全部作品，其目的是用于学科领域分析，以观察领域知识结构的演进和用以来产生学科领域流派的重要作者实证图谱，对于文献检索提供动态的辅助，藉以探讨作者在学术领域上的活动情形①
期刊共被引分析(journal co-citation analysis,JCA)等	以期刊为基本单元而建立的共被引关系，可作为根据期刊的共被引关系及其强度，判断期刊的学科领域性质、了解学科领域结构、分析研究主题的改变，以及确定核心期刊的依据

（六）社会网络分析

社会网络分析（Social Network Analysis，SNA），也称为“结构分析”，是由社会学和社会心理学的研究者在 19 世纪 60—70 年代创立的，它在发展过程中融合了数学、统计学及电脑科学等多种学

① White，Howard D. Author cocitation analysis and Pearson's r［J］. Journal of the Association for Information Science and Technology，2003，54（13）：1250-1259.

科的分析方法。其主要内容是对研究对象的社会关系结构、社会关系属性进行分析，即分析的是不同社会单位个人、群体和社会所构成的关系的结构及其属性①。社会网络分析常用领域是衡量和描述行动者之间的关系，或经由这些关系所形成的，诸如信息、资源等东西。按照不同的着眼点，社会网络分析可以分为两种：关系取向（relational approach）和位置取向（positional approach）。关系取向关注行动者之间的社会性粘着关系，通过社会联结（social connectivity）本身如密度、强度、对称性、规模等来说明特定的行为和过程。位置取向则关注存在于行动者之间的，且在结构上处于相等地位的社会关系的模式化，它讨论的是两个或两个以上的行动者及其之间的关系所折射出来的社会结构，强调用结构等效来理解人类行为②。

社会网络分析可以用某些网络模型来示意一些复杂多样的关系形态，然后根据网络模型和它们的变化来解释个人行动及社会结构的意义。以科学合作网络分析为例，想要判别某两位科学研究者之间存在或不存在接触合作，就要看他们是否共同发表过论文。社会网络分析理论的运用有以下几个前提条件：第一，行动者和行动是紧密联系的整体，其关系是彼此关联、彼此依存的；第二，信息和资源流转的途径是行动者相互之间的关联；第三，网络结构关系对行动者而言具有提供关联途径和限制行动范围的双重作用；第四，网络模型在把各种结构整合为概念的同时还转化为能体现行动者之间特殊关系的关系模型。吴斌、杜楠与裴欣提出运用社会网络分析进行定量研究时的主要指标包括度数、密度、捷径、距离、中心性、紧密型、中介性、桥、簇、团、凝聚子群分析等③。社会网络分析中运用的可视化技术可以把上述概念和分析指标直观图示化呈

① 林聚任. 社会网络分析：理论、方法与应用［M］. 北京：北京师范大学出版社，2009.

② 魏顺平. 社会网络分析及其应用案例［J］. 现代教育技术，2010，20（3）：29-34.

③ 吴斌，杜楠，裴欣，等. 基于科技文献的科研组织网络分析方法研究［J］. 情报学报，2008，27（4）：591-595.

现，例如在文献研究中可以展现出具有重要影响的期刊、论文、作者以及机构等。

由上述说明可见，科学知识图谱融合了引文分析、社会网络分析、词频分析等多种文献计量法，该方法可以通过文献所承载的各种指标数据及其结构变化，来对某个学科领域或者研究主题的发展趋势进行深度揭示，如果依据时间规律对这些关系网络方面的变化进行分析，就可以找到预测学科发展变化动态趋向的依据。借助文献这种学术媒介，可以追溯学科活动、研究主题、研究流派、知识演进、研究前沿，以及运用其他学科知识，提供一项客观的佐证资料，因此本研究与过去相关研究最大之不同，除注意选择代表新闻传播学教育研究领域文献的对象范围和长达十五年的时间观察该学科教育研究演进外，还将引文分析、共被引分析作为了解学科教育研究主题演进的方法，以揭示该学科领域特性及演进情形。

本文将利用科学知识图谱的方法对中国新闻传播学教育研究的进展情况进行研究，并以视觉形象的图像、表格等直观地展示中国新闻传播学教育领域的代表人物、研究群体、科学合作网络的结构以及该学科教育研究的热点和趋势。

第三节　基于知识图谱的中国教育学领域研究综述

本节将评述使用文献资料为研究对象的量化研究方法在中国教育学领域的运用现状，并以评述基于知识图谱的研究为重点内容，说明本研究方法选择的适宜性。

一、量化及文献计量分析方法在中国教育学领域的运用评述

中国教育学领域的研究方法在进入 21 世纪后呈现多样化趋势，除了传统的质性研究方法以外，实证研究方法也开始被运用，这些研究方法的使用给教育学领域的科学研究带来了新变化，但是占据使用数量多数的还是定性研究方法。钟秉林、赵应生、洪煜认为中

国高等教育研究中定性研究和经验判断多，实证研究较少，他们将高等教育研究方法分为分析法、文献法、历史法、比较法等八类①，他们的研究中统计分析如表 2-6 所显示，2006—2008 年的高等教育论文所运用的研究方法中主要采用定性研究方法的所占比例高达 95.05%，采用实证研究方法的论文所占比例仅为 4.95%。后续研究者姚计海与王喜雪发现量化研究方法在教育学研究中的使用呈小幅度上升趋势，仅在 2011 年突破至 20%以上②，有依据既有数据或文本为分析对象的二次分析和内容分析，也有采用准实验获取数据的实验研究，且二次分析方法的运用所占比重不到 30%。

表 2-6　　**高等教育论文中研究方法频数分布表**③

研究方法	频次	比例（%）
分析法	1409	81.92
比较法	105	6.10
文献法	89	5.17
调查法	48	2.79
历史法	24	1.40
统计法	20	1.16
其他方法	15	0.87
个案研究	10	0.58
合计	1720	100

①③　钟秉林，赵应生，洪煜．我国高等教育研究的现状分析与未来展望——基于近三年教育类核心期刊论文量化分析的研究［J］．教育研究，2009（7）：14-21.

②　姚计海，王喜雪．近十年来我国教育研究方法的分析与反思［J］．教育研究，2013（3）：20-24.

目前，教育领域中依据文献资料为分析对象的二次分析主要有元分析、文献计量分析、知识图谱分析三种，如表 2-7 所示，这三种研究方法都以规范化的文献统计为研究基础。

元分析（Meta-analysis）是英国教育心理学家 G V Glass 在 1976 年首次提出的。Glass 认为元分析是一种对已有研究分析的再分析，是对大量独立研究结果的一种系统评价和定量分析，以达到整合研究结果、综合已有发现的目的①。发展到目前，元分析方法定义也有所扩展，既包括统计学上的定量分析，也包括定性分析，但元分析作为定量集成的主要方法，主要还是一种定量统计方法。中国教育学研究领域对系统分析方法的使用多集中在有关教育心理、教育技术等方面，如祝智庭与孟琦以美国博士学位论文为对象，运用元分析研究教育技术研究趋向②。

元分析是为了总结已有研究、解释分歧并提供某问题的解决方案而进行的集成研究，虽然与文献计量不是同一种综合集成方法，但是两者之间有着密切的联系。元分析中各种偏倚的出现都有可能会导致集成结果的无效性，但情报学领域专家 Baker & Jackson 从期刊影响因子的角度采用漏斗图法和期刊影响因子相结合的方法来检验系统分析方法的发表偏倚性③。

文献计量分析与知识图谱分析的渊源更近，知识图谱分析中大量运用了文献计量分析中的引文分析等方法，两者之间的关系在本章上一节中已有论述，科学图谱除了能有效评估某一特定学科研究领域之绩效外更可以清楚地追溯该领域研究之演进，尤其随着每年学科教育研究成果不断地累计增加，需要用合理、可行的方法展现资料现有的学科活动及潜在的相互关联与演进趋势，因此借助知识图谱法绘制学科地图，可将数据转换成清楚简化的图解，保留有意

---

① Glass G V. Primary, secondary, and meta-analysis of research1 [J]. Educational Researcher, 1976, 5 (10): 3-8.

② 祝智庭，孟琦. 从美国博士学位论文元分析看教育技术研究趋向 [J]. 电化教育研究，2002 (12): 47-50.

③ Baker R, Dan J. Using journal impact factors to correct for the publication bias of medical studies [J]. Biometrics, 2006, 62 (3): 785-792.

义的信息。

表 2-7　　**教育研究中涉及文献分析的几种量化研究方法**

<table>
<tr><th>名称</th><th>研究方法内容描述</th><th>方法特点示意</th></tr>
<tr><td>元分析
（Meta-analysis）</td><td>通过一定的统计方法对特定研究主题的大量独立研究结果进行再次分析，通过对独立研究结果的比较、综合形成对研究主题的综合认识，得出一个较为客观的、有意义的结论。元分析不因研究品质而对研究发现预做判定</td><td>a 1
a 2
a 3 } A
…
a n
研究主题或专业领域与作为统计对象的文献之研究主题一致</td></tr>
<tr><td>文献计量分析
（bibliometric analysis）</td><td>基于文献的一种综合集成方法，通过应用数学模型对文献或者文献的基本特征进行统计、聚类得出有关学科主题的研究态势和未来发展走向等</td><td rowspan="2">a 1
a 2
a 3 } A 或 B
…
a n
研究主题或专业领域与作为统计对象的文献之研究主题不一定一致</td></tr>
<tr><td>知识图谱分析
（mapping knowledge domains）</td><td>基于对文献的引文网络的数据挖掘、数据整合、数据加工、图谱绘制等步骤，最终以可视化图形的形式来反映知识的框架、结构、交互、流动、演变等内在关系与规律，进而挖掘整个学科或知识域在一定时期内的发展趋势，发现若干研究前沿领域的演进历程。重视研究文献的品质。在技术支持下的可视化呈现的数据挖掘</td></tr>
</table>

注：A、B 表示文献之研究主题领域。

由此可见，在教育学常见的涉及文献统计分析的研究方法中，知识图谱分析法更适合于宏观研究，即比较适合于教育政策、教育规划和教育预测方面的研究，适合在宏观层面上对事物进行大规模的调查和趋势性的特征预测，通过教育现象的平均情况和抽样总体的代表性，以求发现问题或提出解决问题的新视角。

二、中国教育学领域知识图谱研究文献现状

科学知识图谱虽然产生于国外，但是中国的研究者一直努力在此领域开拓研究成果。大连理工大学的刘则渊教授与德国科学计量学家克雷奇默（H. Kretschmer）博士联合创建的大连理工大学网络-资讯-科学-经济计量实验室（WISE 实验室）将“科学知识图谱”这一研究方法引入中国后，科学知识图谱的运用就开始出现在中国各学科领域。图 2-3 可以反映出 2006—2014 年科学知识图谱在中国各学科的文献数量分布。本研究所属的教育学在其中排列靠前，说明在教育学领域中运用科学知识图谱理论与方法的学者数量不少，并取得了一系列的研究成果。早在 1996 年，Hall R H 就用实验证明知识图谱方法运用在教学中可以帮助增强学生对于学习的主动性和积极性，进而提升学习效率①。远端教育中可以在网络课程上使用知识图谱，提高教师和学生的之间的互动性②；在教学实践中，可以让学生尝试绘制知识图谱，有利于让教师了解学生对知识的理解程度从而获得有效的回馈资讯③。知识图谱方法在中国教育领域中的运用也随着时间在不断增长，如图 2-4 和图 2-5 所示，且在教育学各个子学科里均有分布，特别是在教育理论与管理、高等教育中使用较多。

---

① Hall R H, O'Donnell A. Cognitive and affective outcomes of learning from knowledge maps ☆［J］. Contemporary Educational Psychology, 1996, 21（1）: 94-101.

② Bidarra J, Dias A. Ecological strategies and knowledge mapping［J］. Lecture Notes in Computer Science, 2004（3038）: 1025-1029.

③ Herl H E, Jr H F O, Chung G K W K, et al. Reliability and validity of a computer-based knowledge mapping system to measure content understanding［J］. Computers in Human Behavior, 1999, 15（3-4）: 315-333.

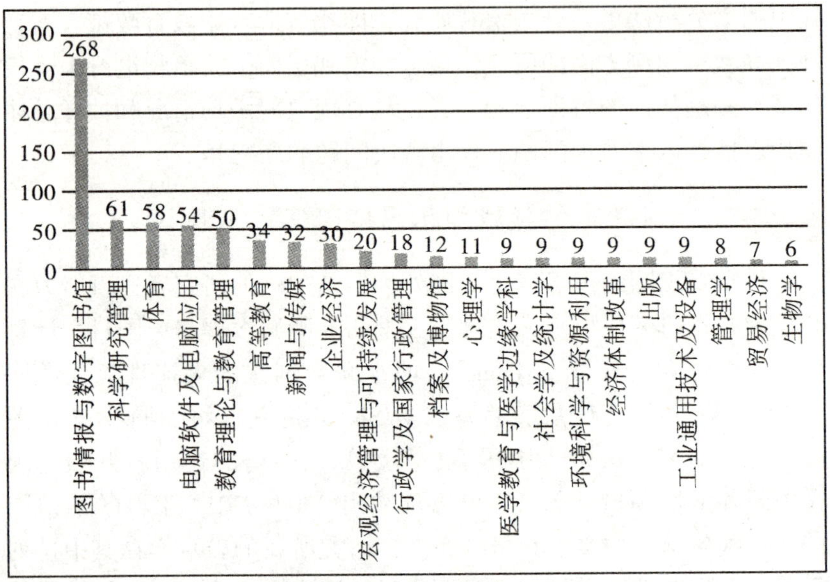

图 2-3　知识图谱在各学科运用的文献数量分布

注：文献资料来自 CNKI 搜索文献主题或者关键字为“知识图谱”共得出 2006—2014 年的文献 813 篇，检索时间为 2015 年 8 月 26 日。

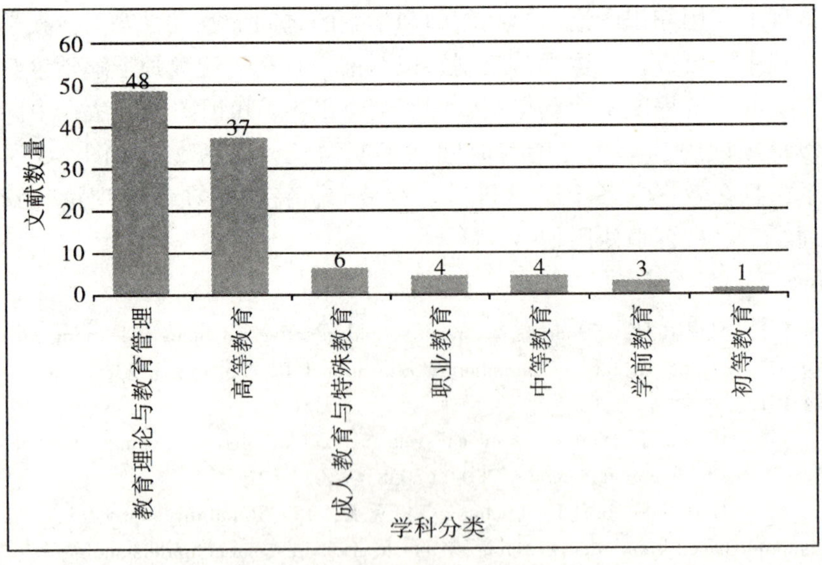

图 2-4　2007—2015 年教育学领域知识图谱研究文献学科分类统计

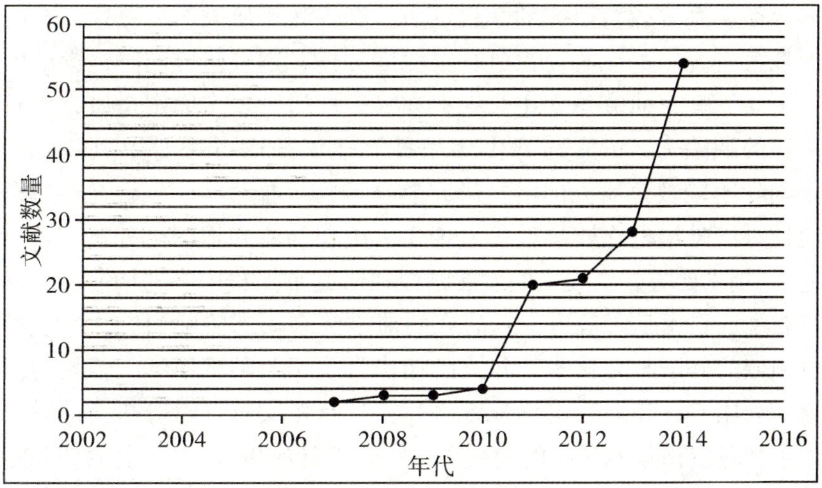

图 2-5　2007—2014 年教育学领域知识图谱研究文献数量统计

注：图 2-4 和图 2-5 为研究者利用 CNKI 资料库自行统计，检索词为篇名为“知识图谱”或者关键字为“知识图谱”，并且主题为“教育”，检索时间为 2015 年 8 月 26 日。

截至本研究搜集资料的时间，中国 CNKI 资料库收录的篇名为“知识图谱”或者关键字为“知识图谱”，并且主题为“教育”的文献有一百多篇，现将从这些文献中选取近期引用量较大的文献做分析，以期呈现当前知识图谱方法在中国教育学研究中的基本动态。

（一）在教育理论与教育管理方面

郭文斌等研究利用 SPSS、Bicomb 软件绘制了特殊教育的研究热点的知识图谱，其结果表明中国特殊教育研究的焦点主要围绕两条主线和四个方面展开①。汤建民与范笑仙利用 CSSCI 资料库绘制了高等教育研究论文的知识图谱，在此基础上对高等教育研究的主

① 郭文斌，陈秋珠．特殊教育研究热点知识图谱［J］．华东师范大学学报（教育科学版），2012（3）：49-54.

题分类、高等教育研究的学科性质、高等教育研究的方法这三个高等教育研究中的核心要素进行了深度分析。这一研究同时也尝试填补了高等教育研究论文中长期存在着定性讨论较多而定量研究相对不够的缺陷①。王素与邹俊伟用科学知识图谱方法对 1970—2010 年国际比较教育研究前沿、研究热点进行了梳理②。朱敬与蔡建东通过对《外语电化教学》等 CSSCI 来源期刊的知识图谱分析，得出近 20 年来西方教育技术的发展路径和研究重点集中在建构主义、网络教学、自主学习等方面；研究的前沿为多模态隐喻研究、通识教育领域的外国教育技术，并且已初步具备了学科形态③。姜帆与任增元利用 CSSCI 对《电化教育研究》进行了文献计量分析，从而得出了教育资讯技术学科的领域研究的热点问题以及学术团体特点④。郭文斌采用关键字共词分析法，利用 Bicomb 软件及 SPSS 软件绘制了有关学前教育研究的热点知识图谱，提出学前教育研究热点主要集中在“学前教育的现状和对策研究”“农村学前教育研究”“幼稚园游戏和家庭教育研究”“残疾儿童的早期教育研究”“学前教育专业课程设置及教学改革研究”五个方面⑤。马婧绘制了国外协作学习理论知识图谱，并提出国外协作学习理论研究发展大致经历了以两次转型和明显的技术整合趋势为特征的四个发展阶段⑥。

---

① 汤建民，范笑仙. 对高等教育研究三个基本问题的重新讨论——以词频计量和学科知识图谱方法为视角［J］. 中国高教研究，2011（5）：19-22.

② 王素，邹俊伟. 1970—2010 年国际比较教育研究之演进——基于科学知识图谱方法的实证分析［J］. 外国教育研究，2011（9）：37-44.

③ 朱敬，蔡建东. 我国外语教育技术理论演进路径与前沿热点问题——基于 CSSCI 来源期刊的知识图谱分析［J］. 外语电化教学，2013（2）：13-18.

④ 姜帆，任增元. 我国近年教育技术学的发展脉络及研究趋势分析——基于《电化教育研究》的文献计量学与科学知识图谱研究［J］. 重庆高教研究，2014（1）：105-112.

⑤ 郭文斌，周念丽，方俊明. 我国学前教育研究热点知识图谱［J］. 学前教育研究，2014（1）：11-18.

⑥ 马婧. 国外协作学习理论的演进与前沿热点——基于科学知识图谱的研究［J］. 开放教育研究，2013（6）：95-101.

（二）在高等教育方面

潘黎与乔冬以高等教育学术期刊 *Higher Education* 作为资料样本，绘制了该刊作者来源国家视觉化图谱以此确定 *Higher Education* 的高国际化程度，并在此基础上通过对共现关键字中心性的分析，对所得出的 1999—2008 年国际高等教育研究热点集中的两大领域“绩效”和“全球化”进行剖析①。赵俊芳与姜帆通过对 CSSCI 资料库 1998—2012 年间大学制度研究文献的计量分析得出大学制度的研究热点主要集中在现代大学制度释义、学术权力、大学章程、大学治理结构等方面②。罗云与武建鑫根据中国引文资料库（CCD），构建了我国高等教育研究学术群体的知识图谱，形象地揭示了我国高等教育学术群体的内在结构及其力量分布③。胡凯与胡茳茳以 CNKI 中收录关于理科基地班的论文为资料库，对 1994—2012 年发表的 178 篇高水准文献进行科学计量学分析，为我国理科基地班理论建设的科学资讯管理研究提供参考依据④。

（三）在成人教育、特殊教育、民族教育等其他教育内容研究方面

杜友坚以中国知网资料库为文献来源，以“高校成人教育”为关键字进行检索绘制了高校成人教育研究的热点知识图谱。其研究结果表明中国高校成人教育研究热点虽然比较广泛，但还是主要集中在学历教育和非学历教育两个领域，而且学历教育与非学历教

---

① 潘黎，乔冬. 基于科学知识图谱的国际高等教育研究热点探析——基于 1999—2008 年《higher education》刊载文献关键词共词网络的分析［J］. 教育科学，2011，27（3）：43-48.

② 赵俊芳，姜帆. 我国大学制度研究热点、趋势及理论基础的知识图谱分析［J］. 高等教育研究，2014（9）：16-25.

③ 罗云，武建鑫. 我国高等教育研究学术群体可视化知识图谱构建与分析［J］. 高教探索，2015（3）：40-47.

④ 胡凯，胡茳茳. 国家理科基地教育教学问题研究二十年回眸——基于知识图谱的科学计量学分析［J］. 高等理科教育，2014（2）：26-31.

育逐步走向融合，现代远端教育与终身教育、继续教育、社区教育的聚合日益明显①。张艳琼与张伟锋对中文社会科学引文索引（CSSCI）收录《中国特殊教育》2000—2013 年共 14 年的题录及引文进行视觉化分析，解读我国特殊教育领域的核心发文机构、核心作者群、研究热点、研究前沿及基础知识②。甘永涛对中国 1928—2013 年间发表的多篇民族教育相关学术文献进行分析，揭示了民族教育研究的学术共同体、研究热点与研究前沿，并总结出民族教育研究机构的分布呈现出相对聚集与高度离散并存的非均衡性特征③。王佑镁、叶爱敏、赖文华基于知识图谱的国内研究热点分析了 MOOC 的现状，其研究结果发现：国内 MOOC 研究主要集中在 MOOC 的发展研究、对传统高等教育的影响研究、应用模式研究以及发展的问题与挑战四个方面。未来需要积极开展“中国式 MOOC”应用模式的构建与探索，重视“后 MOOC”时期多样化线上学习样式的研究与实践，立足实践积极探寻 MOOC 与教育的“融合创新”，并重视 MOOC 学习中的课程资源、课程平台和学习分析技术开发④。

通过以上评述，可以发现中国教育学研究中知识图谱方法的应用数量已越来越多，学科领域有涉及教育理论与管理、高等教育、成人教育、特殊教育的，也有针对民办高等教育、大学章程、MOOC 教育技术的研究，以上这些文献通过对教育学某类研究内容

① 杜友坚. 近年来我国高校成人教育研究热点知识图谱及发展趋势研究——基于成人教育研究文献的共词分析［J］. 中国高教研究，2014（4）：78-82.

② 张艳琼，张伟锋. 我国特殊教育的知识图谱分析——基于 2000—2013 年《中国特殊教育》刊文［J］. 西南民族大学学报（人文社科版），2014（12）：234-240.

③ 甘永涛. 1928—2013 年中国民族教育研究之演化——基于科学知识图谱的实证分析［J］. 西北师范大学学报（社会科学版），2015，52（2）：82-87.

④ 王佑镁，叶爱敏，赖文华. MOOC 何去何从：基于知识图谱的国内研究热点分析［J］. 中国电化教育，2015（7）：12-18.

的知识图谱构建，针对不同的分析对象，如文献、期刊、学科、作者、研究机构、关键字等，运用文献计量学的理论方法（共现分析、共引分析、词频分析等），借助各种资讯处理和视觉化工具（Ucinet、CiteSpace 等），定性和定量相结合地展现某学科（或研究主题）的知识结构、学缘结构、智力结构的构成特点，识别相关的研究热点、研究前沿及其演进路径并预测未来发展趋势，分析科研合作网络的特征，揭示知识在各学术共同体内的传播与流动规律，进而为促进科学发展、提高科研管理水准提供参考和借鉴。

但是，上述文献中大量文献只聚焦于教育研究某类主题的单一层面，其中以研究某个学科或者主题的研究前沿、研究热点最为常见，极少有对中国高等教育中的某个学科做完善、系统化的知识图谱建构，这也给本研究以启示，力图从时间跨度、文献数量、知识图谱建构层面等多方面来客观呈现新闻传播学教育研究的状况，以期为新闻传播学教育描绘出近 15 年的历史图景。

第三章　研究设计与实施

本章将探讨本书的研究架构、研究方法、研究对象、研究工具、研究程序、研究对象、资料处理。以下就各节的内容分别叙述之。

第一节　研究架构

基于文献综述所总结的理论基础与思路，本研究将采用科学计量学的方法、借助信息技术以量化的方法分析新闻传播学教育研究相关文献资料，而 CiteSpace 提供的 11 种功能可以绘制合作图谱、共现图谱、共引图谱等，这些图谱都可以用来揭示科学结构的发展现状和变化情况，进而用于前沿分析、领域分析、科研评价等。针对本研究的具体问题，本书绘制的图谱将以探测新闻传播学科教育研究前沿热点问题、把握该学科教育研究主体发展脉络、判断影响学科教育的相邻学科及互动关系、遴选关键学者或研究机构并分析其合作网络的特点为内容。

由此，本研究选择以下几个基本构面向度范畴来呈现新闻传播学教育研究演进的过程和特点：

一、新闻传播学教育研究热点和前沿分析

研究前沿（Research Fronts）概念是由普赖斯提出的，一般通常由 40~50 篇近期发表的高被引文献研究成果所组成，通过相对小的研究文献网络，可以追踪大量文献的发展轨迹，是一个学科领域中最先进的研究领域①。陈超美等认为目前对研究前沿的认识形

① 潘黎，侯剑华. 国际高等教育研究的热点主题和研究前沿——基于 8 种 SSCI 高等教育学期刊 2000—2011 年文献共被引网络图谱的分析［J］. 教育研究，2012（6）：136-143.

态，包括共被引文献聚类，共被引文献聚类和所有引用这个聚类的文章，引用共群文章的文献聚类。

在本研究过程中将采用关键词共词分析法，通过关键词出现频率的高低和中心性的大小确定新闻传播学教育研究的热点问题。另外，采用突现词共现分析法，通过对关键词突现率的考察来寻找新闻传播学教育研究的前沿主题。

二、新闻传播学教育研究的知识基础分析

知识基础（Intellective base），是含有研究前沿术语词汇的文章的引文，实际上它们反映的是研究前沿中的概念在科学文献中的吸收利用情况。对这些论文可以通过同被引聚类分析（Co-citation cluster analysis）形成一组被研究前沿所引用的科学出版物的演进网络，“即知识基础文章的同被引网络”。本部分将采用文献共被引分析法，通过文献共被引频次的高低和文献共被引中心性的大小来考察新闻传播学教育研究的核心作者、核心文献分布情况以及核心期刊的共被引来源情况，从而获得该学科教育研究的知识基础。

三、新闻传播学教育研究主体与合作网络分析

研究主体是该学科教育的知识认知主体和动力体。这里的“主体”是教育研究的主动体，它不仅仅包括研究者，也包括教育研究机构和基金项目，可理解为促进和承担新闻传播学教育研究的人力与物力的集合，即学科的研究硬件（研究机构、基金专案）和软件（人力资本）供给与来源情况的总称。新闻传播学教育研究主体分析推演过程包括分析新闻传播学教育研究者的整体分布、关键研究者的地区分布及其变化趋势研究机构的分布、关键研究机构的类型、影响新闻传播学教育研究的重要基金项目有哪些等。本研究中的教育研究者合作网络分析是微观层面上构建新闻传播学教育研究者和研究机构的合作网络，同时结合文献计量学的词频分析方法，揭示合作网络中不同子网络合作研究的领域所在。本部分将运用社会网络分析方法对新闻传播学教育研究科研合作网络不同时段的演化特性进行分析和探究。

在此研究思路指导下，本书总体框架结构如图 3-1 所示。

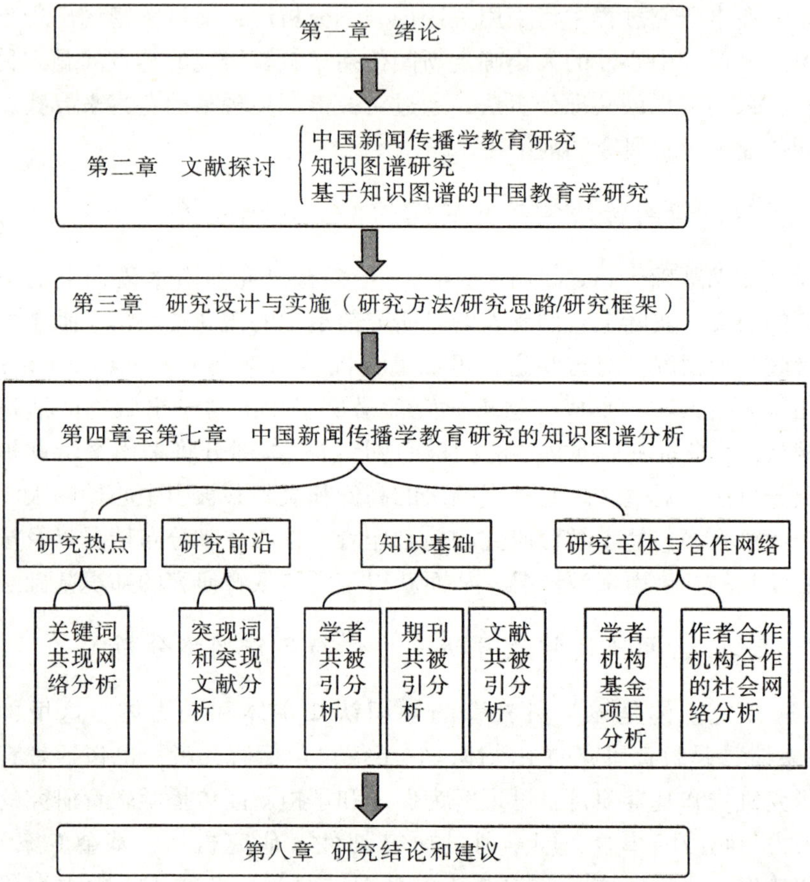

图 3-1　本书研究框架图

第二节　研究方法

本书综合运用了科学计量学方法、文献计量学方法、资讯计量学方法的科学知识图谱，其具体使用的研究方法包括引文分析法、共被引分析法、词频与共词分析法、社会网络分析法、多维尺度分析法等。

一、引文分析

引文分析是通过文献期刊资料类型、年代、主题等分析被引次数，评估文献的排列、规律与质量，是一种以文献的引用与被引用所特有的相互关系构成的资讯，用来观察特定文献或学科的引用模式，引文指标分析包括引文年代、引文语种、引文类型、引文国别、引文作者、引证经典著作等的分析。

本研究应用引文分析评估新闻传播学教育研究文献类型，区分文献的使用资料类型、年代、主题，比较不同年代使用的文献资讯的特征，了解改变与演进的发展趋势，提供不同于以往的研究方式，有助于认识新闻传播学教育研究主题的演进。

二、共被引分析

共被引分析是将主题相近的文献予以群集，并应用多元分析的多变量统计技术（multivariate statistical technique）将资料加以分类、群聚，并且可以使之视觉化，一般常以因数分析、集群分析与多向度分析等结合使用。在共被引关系网络中，作者数量和结构方式的变化可作为判断学科动态变化的一个依据。以文献的作者为基本单元建立共被引关系，使为数众多的作者通过被引证的关系聚集成一个个学科群体，形成学科群体网络，从而反映学科专业人员之间的联系和结构特点，并反映出他们所从事的学科专业之间的联系及其发展变化趋势。通过作者共被引分析，微观上能够揭示某些学科间的相互交叉和依赖关系，宏观上可以在一定程度上反映科学体系的学科构成和结构特征①。本书对新闻传播学教育研究领域内高被引文献集合进行共被引分析，以了解不同时期的研究主题演进情形及研究前沿方向。

---

①　刘旭，侯海燕，杨虹．基于作者共被引分析的国外知识管理领域流派研究［J］．图书馆学研究，2010（1）：14-18.

三、词频与共词分析

词频分析法是利用能够揭示或者表达文献核心内容的关键字或者主题词在某一研究领域文献中出现的频次高低，来确定该领域研究热点和发展动向的文献计量学方法。共词分析法是利用文献集中词汇或名词短语共同出现的情况，来确定该文献集中代表学科中各主题之间的关系，一般认为词汇对在同一篇文献中出现的次数越多，则代表这两个主题的关系越紧密①。关键字共现是共词分析的一种，其原理是对一组关键字或主题词两两统计它们在同一篇文献中出现的次数，以此为基础对这些词采用聚类分析，高频关键字的聚类结果能够通过关键字之间的联系、亲疏程度，揭示这些词所代表的学科和主题的结构变化、主要知识结构和研究热点。本研究将对新闻传播学教育研究领域的文献进行关键字共现网络分析，以确定该领域研究热点和发展动态趋势。

四、社会网络分析

社会网络分析是对社会关系结构及其属性加以分析的一套规范和方法，它以不同的行动者（如个体、群体、组织）所构成的关系作为主要研究对象，而不是行动者本身，即社会网络分析的研究对象为关系资料，而不是传统统计学意义上的属性②。本研究将利用社会网络分析软件直观形象地揭示出新闻传播教育研究合作不同聚类之间的关联关系。

五、多维尺度分析

多维尺度分析是一种将多维空间的研究对象（样本或变数）

---

① 那一沙，张凯晴，夏军. 开放课程热点问题研究——基于词频分析和共词聚类技术［J］. 西南交通大学学报（社会科学版），2015，16（2）：82-88.

② 林聚任. 社会网络分析：理论、方法与应用［M］. 北京师范大学出版社，2009.

简化到低维空间进行定位、分析和归类，同时又保留对象间原始关系的资料分析方法，它比因数分析、聚类分析呈现的图形更为直观。本研究中在知识图谱绘制时将把因素分析与多维尺度分析结合起来运用，以分析和确定文献所代表的新闻传播学教育研究领域中学术群体的特点。

第三节　研究对象

本节针对研究对象与范围、样本来源与搜索方式等进行以下说明：

一、资料库

本书依据2000—2014年中国学术期刊网络出版总库CNKI所收录的中文核心期刊为期刊源。采用上述方法遴选文献的依据是：资料库要具有权威性和代表性。目前中国人文社会科学类刊物标准评定过程中，具有较高影响力的是南京大学中国社科研究评价中心公布的“中文社会科学引文索引（CSSCI）来源期刊”和北京大学图书馆发布的中文核心期刊，而中国学术期刊网络出版总库同时收录了这两种中文核心期刊目录中与本研究领域相关的新闻传播学和教育学的所有期刊。CNKI目前也是世界上最大的连续动态更新的中国学术期刊全文资料库，该库收录全面，文献内容及标注明确，有利用文献计量统计时的资料处理，其文献资讯内容以资料库形式进行有序管理，具有较高的准确性和可靠性。

二、样本对象为学术期刊登载的论文

教育学科领域的学者，为了发表科研成果，往往需要经过出版发表的过程，才能被外界认为是正式的著作。就出版形态来说，经过同行评阅的出版品才是被认可、具有权威性和价值性的文献，期刊文献是经过严格审查，在认可过程中所描述的知识内容已发挥重要作用，成功地获得评阅人员认同，其中核心期刊文献出版要求更严格，品质要求更高，这些文献作为资料来源用来分析结果的可靠

性高。可以说期刊是学术文献的主要载体，是学术交流的平台，一般会被视为该领域的参考指标，其价值在于被引用，被引用频次越高文献贡献价值越大。而新闻传播学本身具有跨学科性质，相关文献资源不仅仅限于本学科领域，为获得具有代表性及高被引的文献，本研究在资料库检索时并未限定学科范围，只以文献主题为“教育”来界定，这种方法有别于直接从单一文献书目、作者、期刊、学科为基准的检索方式，因为研究的样本资料如果能来自众多不同学科期刊文献，能更加全面呈现新闻传播学教育研究的特点，也更能深入探讨该领域研究主题的演进与当代的研究前沿取向。

三、搜索方式

（一）检索词确定

本研究在资料搜索时不能用单一的“新闻传播学教育”作为关键字：一是因为中国的新闻传播学教育历经多年发展，学科目前融合了新闻、广电、广告、传播、编辑出版、网络与新媒体、数字出版等多个专业，在不同时期学科课程内容及专业名称都有改变。二是因为新闻传播学教育界和实务界均存在“传播”“传媒”“媒介”“媒体”这几个词语的混用，张忠民等学者曾通过量化研究发现，2008 年，《新闻记者》《新闻大学》《现代传播》和《新闻与传播研究》这四种同时被 CSSCI 和中文核心期刊收录的期刊共刊登 884 篇文章，在题目、摘要、栏目、关键字、基金资助五栏中，以“传播”“传媒”“媒体”三词作为条件检索，发现同时出现三词为 653 篇，占总数的 73. 9%①，所以在检索时这三个词语均要涉及，如“媒介教育”“传媒教育”。三是因为 CNKI 资料库的检索导航中有“主题词检索优势”的说明，主题词是指可较准确揭示文献资讯资源概念的，以语词为标识的人工语言，属规范语言。通

① 张忠民，阳欣哲，张国良. 新闻传播学领域对“媒介”、“媒体”、“传媒”三词使用现状分析——以文献计量方法对四种专业核心期刊的研究［J］. 新闻记者，2010（12）：48-52.

俗地说，是将同一概念不同表达方式的同义词、近义词、近似词等归属于一个标准规范的专业术语，因而主题词检索是国际公认的保障查全率、查准率必备的专业检索功能。所以研究者经过多次尝试，发现如表 3-1 所示检索范围涵盖面会比较准确和全面。然后人工核对删掉投稿需知、年度总目录、卷首语、征稿启事、会议资讯等无效文章，最终有效文章共 3431 篇（有效文章的出版时间是 2000—2014 年）。由于数据库收录文献的时间与文献公开出版的时间存在延迟性，即 CNKI 收录文献的时间往往是文献公开出版 2～3 个月后，即 2014 年 12 月刊出的文献可能在 2015 年 3 月才会被 CNKI 收录，所以为了较为全面搜集文献已获得更多资料，本研究对文献的最终搜集截止时间为 2015 年 12 月。每一文献资料条目包括该类论文的题目、关键字、作者、作者职称、所属基金、期刊名称、发表时间、期卷、中文摘要、参考文献等十条题录资讯，并以 TXT 文本格式保存。

表 3-1　　**检索新闻传播学教育的关键字**

序	检索词
1	篇名为“新闻”或者“传播”或者“传媒”或者“媒介”，并且主题为“教育”（此为最广泛新闻传播学范围）
2	篇名分别为“广电”“广告”“编辑出版”“网络与新媒体”“数字出版”，并且主题为“教育”（此为专业分类范围）

（二）时间段确定

1998 年教育部制定的《面向 21 世纪教育振兴行动计划》的发布开启了中国教育改革和发展的新时期，经过十多年的建设，新闻传播学教育亦收获了丰富的成果，但是由于近 15 年对该学科教育的系统性研究成果相对不足，所以本研究以 2000 年为起点。由于本书的研究主要研究工作在 2014 年，用于建构知识图谱的文献收集的是 2000 年到 2014 年的相关资料，因此，本书界定的“新时期”为2000年到2014年共15年，并将15年的时间分为2000年至2004年、2005年至2009年、2010年至2014年这三个阶段来进行资料的分段处理，即针对各时段，来解析新闻传播学教育研究的动态性演进。

第四节　研究工具

本研究采用的技术工具主要包括CiteSpace II、STATA、UCINET和Netdraw等分析软件。

一、CiteSpace

CiteSpace是基于JAVA程式语言编写的专门用于引文分析的资讯视觉化应用软件，由美国德雷克塞尔大学资讯科学与技术学院的陈超美博士于2004年9月开发，目前最新的版本为CiteSpace 3.9.R12，软件通过对文献资料资讯的相关分析处理，探测和分析学科研究前沿随着时间相关的变化趋势以及研究前沿与其知识基础之间的关系，发现不同研究前沿之间的内部联系，通过对学科领域的文献资讯视觉化使研究者能够直观地辨识出学科前沿的关键演化路径及学科领域的关键节点文献。

CiteSpace提供了11种功能选择，针对于施引文献的合作图谱（作者合作、国家合作和机构合作）和共现图谱（特征词、关键字、学科类别），以及针对于被引文献的共引图谱（文献共被引、作者共被引和期刊共被引）。使用最频繁的是文献共被引图谱，可以帮助人们通过图谱中的关键节点、聚类及色彩来分析某个研究主题的演变合作图谱，从而发现某个研究领域学者、国家或研究机构之间的社会关系，为评价科研人员、国家或机构的学术影响力提供一个新的视角，有利于我们发现那些值得关注的科研人员、国家或机构；共词图谱有利于人们分析研究热点及热点的演变，尤其配合突现词（burst term）功能的使用；学科类别贡献图谱往往用来分析学科知识结构及其演变；作者共被引图谱可以用于分析某个领域内的科学共同体及其演变；期刊共被引可用于研究领域的学科基础及其演变的分析①。

二、其他软件

STATA 是用于分析和管理数据的统计分析软件，由美国计算机资源中心（Computer Resource Center）研制。它同时具有数据管理软件、统计分析软件、绘图软件和矩阵计算软件的特点。在本书中，主要运用 STATA 软件进行作者合作和共现分析，并与 UCINET 和 Netdraw 等工具和软件配合使用。

UCINET（University of California at Irvine NETwork）是一种社会网络分析（Social Network Analysis，SNA）软件，开发者是 University of California，目前的维护和更新方是 Boston University 和 University of Westminster，该软件可在其官方网站下载和免费试用。UCINET 是 Windows 界面，菜单驱动程序，可以输入各种不同格式的文本文件，UCINET 视觉功能是依靠该软件内部集成的 Netdraw 和 pajek 软件实现数据可视化。UCINET 可以画出层次聚类图，树图和系统树图，输出文件包括两种类型的文本文件和数据文件，其中，文本文件被保存为一个日志文件，并自动显示在屏幕上，数据文件可以被输入到其他方案，进一步分析网络数据。UCINET 本身具备社会网络分析方法，例如中心性分析、凝聚子群分析等，该软件还含有多种常用的统计分析工具，如多维尺度分析、因子分析、聚类分析。此外，UCINET 提供数据管理和转换工具，矩阵计算的能力强。

第五节　研究程序与资料处理

本书研究设计与实施流程整体划分为四个阶段：文献探讨与研究理论建构阶段主要为文献回顾和理论梳理，为本研究从理论上探索思路和途径；资料库文献检索与汇编阶段主要是为本研究准备系

① 陈悦，刘则渊，等. 悄然兴起的科学知识图谱［J］. 科学学研究，2005，23（2）：149-154.

统而规范的资料，因为科学计量学作为定量性很强的专业领域，对规模和准确性都有较严格的要求；知识图谱的解读与分析阶段主要是运用工具软件绘制学科教育研究的视觉化图景；最后针对具体研究材料进行总结分析。

资料汇集准备完成后，本阶段将应用多种软件分析工具，包括因数分析、集群分析、多向度分析，以及社会网络分析法，绘制出新闻传播学教育研究的群体流派、研究前沿、研究合作网络的知识图谱。另外，针对分隔的三个时段进行分段和综合比较分析，据以了解新闻传播学教育研究主题的演进与研究前沿情形。

本书研究主要使用 CiteSpace 绘制知识图谱的流程包括软件安装、数据采集、数据处理、参数功能选择、可视化和解读（如图 3-2 所示）。CiteSpace 最大的特点是可以使用 Pathfinder（路径搜索算法）或者 Minimuln Spanning Tree（最小生成树算法），从而可以分析和处理共被引和共词的分时演化网络，以及整体融合网络的路径问题。同时，能以 Cluster（聚类）和 Time-zone（时区）两个视角，对共被引网络以及共词网络进行可视化的形象展示。

本书将大致应用如下：

（1）确定新闻传播学教育研究文献的相关主题词和专业术语。运用尽可能涵盖全面的主题词和专业术语来限定所要研究的知识领域。

（2）收集数据。在 CNKI 进行关键词检索（部分研究主题因 CNKI 数据库限制会转而使用 CSSCI 进行检索），设置好参数后会得到一系列数据，在保存文本时选择以纯文本的形式输出。

（3）提取研究前沿、研究热点术语。导入数据的时候 data directory 选项选择 txt 文件所在的文件夹，project home 选项选择另外的文件夹。

（4）设定参数功能选择。该阶段包括一系列选择，即时区选择、阈值选择、功能选择等，包括在 time slicing 设置研究分析的时间区间，在 term type 关键词类型设置上一般选择 burst terms，即爆发性出现的关键词。CiteSpace 提供了几种方式来控制最终生成的网络由哪些节点构成：①Top N：在每个时区中选择前 N 个高频出

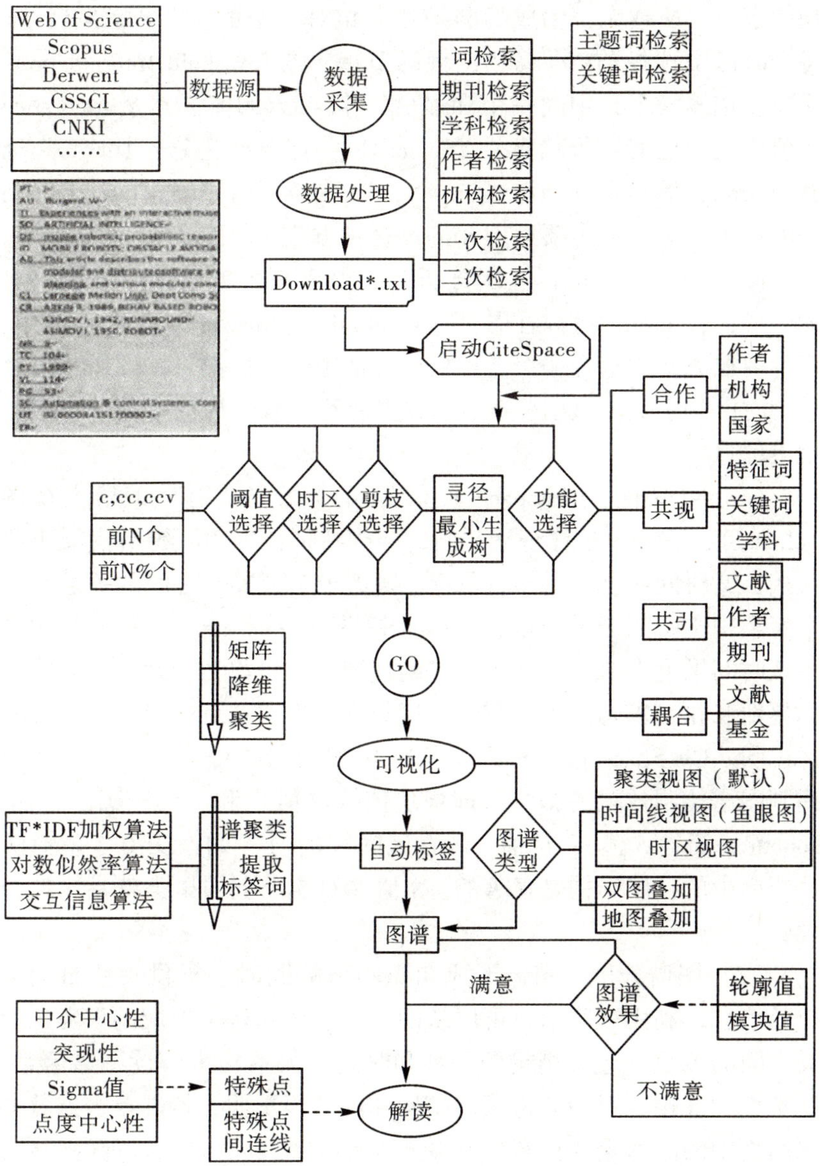

图 3-2　CiteSpace 的应用流程①

① 陈悦，陈超美，刘则渊，胡志刚，王贤文. CiteSpace 知识图谱的方法论功能［J］. 科学学研究，2015，33（2）：242-253.

现的节点。N 越大，生成的网络就会相对更全面。②Top N%：将每个时区中选择前 N%高频出现的节点。③Threshold Interpolation：需要设定第一个，中间一个和最后一个 slice 的值，其余 time slice 的值由线性插值给予赋值。④Select Citers：选择这个选项时需先选施引文献，然后再选择设置 Top N，Top N%，Threshold Interpolation 中的一个。本研究主要运用 Top N 这种方式。

（5）显示。每运行一次分析，会得出一个输出图。假如得出的图形比较混乱，可以在寻径（pathfinder）和最小生成树（MST）两种剪枝方式中选择一个，得到较为清晰直观的图形，图中可显示某个时区的引文、被引频次、首次共被引年份、时间区分、出版年代等信息。

（6）可视化。CiteSpace 提供的可视化方式有：①聚类视图（cluster），它侧重于体现聚类间的结构特征，突出关键节点及重要连接；②时间线视图（timeline），侧重于勾画聚类之间的关系和某个聚类中文献的历史跨度；③时区视图（timezone）是另一种侧重于从时间维度上来表示知识演进的视图，它可以清晰地展示出文献的更新和相互影响。本研究将根据数据特性主要利用聚类视图和时区视图。CiteSpace 依据网络结构和聚类的清晰程度，划分了两个评判图谱绘制效果的指标，即模块值（Q 值）和平均轮廓值（silhouette，简称 S 值），Q 值一般在区间［0，1）内，$Q>0.3$ 就意味着图谱中的社团结构是显著的，S 值在 0.5 以上的聚类就是比较合理的。

（7）图谱分析。图谱形成知识网络的同时会提供一些自动生成的信息，利用这些信息可以从网络的整体结构、形成的聚类、聚类之间的关系（包括结构的关系和时间的关系）来解读图谱信息。特殊点和连接线对于分析网络结构和内容很重要，特殊点占据着知识网络中的一些重要位置，在知识结构演变中扮演着特定的角色，而特殊点的寻找可以依据中介中心性（betweenness centrality）、突现性（burst），综合考虑中介中心性和突现性的 Sigma 值等来灵活判断。本研究主要运用聚类视图和时区视图来呈现文献之间的关系。这两种视图的分析重点为：①聚类视图中节点代表分析对象，出现频次（或被引频次）越多，节点越大。节点内圈颜色及厚薄度表示不同时间段的出现（或被引）频次，节点之间的连线表示共现（共引）关系，其粗细与强度成正比，颜色从蓝色的冷色调到红色暖色调的变化表示时间从早期到近期的变化。②时区视图展示了领域文献的增长，某一时区中的文献越多，说明这一时间段中的成果越多，该领域处于繁荣发时期；某一时区中的文献越少，说明这一时间段中发表的成果越少，该领域处于低谷时期①。此外，本书在新闻传播学教育研究主体分析中，对作者合作网络图研究将综合使用统计分析软件 STATA 和社会网络分析软件 UCINET，其图谱分析指标包括规模（size）、密度（density）、中心性等。

依据上述研究方法和研究框架，本书期望通过科学计量学的方法在新闻传播学教育研究实践上有所突破：

（1）本书选取的时间段 2000—2014 年在新闻传播学教育研究领域中为首创，本研究结合文献计量学理论，从研究热点、研究前沿、研究知识来源、合作网络四个层面来系统化呈现新闻传播学教育研究的图景，具有一定的创新性。在研究前沿的宏观层面，有利于新闻传播学教育发展蓝图规划；在中观层面有利于了解研究主题，预测学科教育领域的动态与趋势；在微观层面上，也为新闻传播学教育研究人员了解所在学科领域的知识演进与研究前沿方向提供了新的资讯。

（2）研究方法运用上的创新。知识图谱方法尚未在中国新闻传播教育研究领域系统运用过。本书的运用，弥补了传统评述式的教育历史研究方法，从文献资料中挖掘学科教育研究中的动态规律。这样的研究方法选择融合了科学史和科学计量学的两种特色，实现了定性分析与定量分析相结合的方法，也为新闻传播学教育研究提供了新的视角。

---

① 陈悦，陈超美，刘则渊，等. CiteSpace 知识图谱的方法论功能［J］. 科学学研究，2015，33（2）：242-253.

第四章　中国新闻传播学教育研究热点的知识图谱

本章选取 2000—2014 年间 CNKI 数据库有关中国新闻学教育研究的论文作为分析对象，使用共词分析方法绘制中国新闻传播学教育研究的关键词知识网络。

第一节　中国新闻传播学教育研究热点的阶段性分析

为了探讨这十五年里新闻传播学教育研究热点领域的发展轨迹，本节以五年为一个阶段，分三个阶段分别考察其关键词共现网络，并借助该学科的文献内容解读和学科知识对图谱进行解读，以求准确的概括新闻传播学教育研究的热点问题和演化过程。

通过利用 CiteSpace 软件在操作界面的参数设置上选择关键词（Keyword）作为网络节点类型（Node Types），每一年为一个区分，并且选择每一时间片段中出现频次最高的 30 个数据，即 Text N per slice 为 30，对 CNKI 收录的相关文献进行关键词共现分析，得到分阶段的新闻传播学教育研究的关键词共现网络图谱。图谱各个圆圈的大小表示关键词出现频次的多少，圆圈越大说明相应关键词出现次数越多。此外，圆圈处于图谱的位置可以清晰地表现出关键词共词程度的高低即关键词的中心性，关键词在共现网络中的中心性越强，该关键词与其他关键词共同出现的概率越高，该关键词在共现网络中的影响力自然就越大。

一、2000—2004 年研究热点的知识图谱分析

在图 4-1 关键词共现网络图谱中共生成关键词节点 84 个，连线 75 条。Frequency 代表关键词的共现频次（后文缩写为 Freq.），Centrality 代表中介中心性（后文缩写为 Cent.），Sigma 是中介中心性和突现性的综合数值。中心性反映了一个节点（如关键词或引文）在整个网络中作为“媒介”的能力，也就是占据其他两个节点之间最短路径的能力。如果没有这个节点，其他两个节点就无法交流。某个节点具有的中心性越高，就会越多地占据这样的“中介性”位置，很多节点必须通过它才能与其他节点产生联系①。因此，中心性在一定程度上能够代表研究的热点领域，在图谱中体现出了节点对其他关键词的辐射和控制能力。Burst 代表 burst detection 是一个变量的值在短期内有很大变化，CiteSpace 将这种突变信息视为一种可用来度量更深层变化的手段。

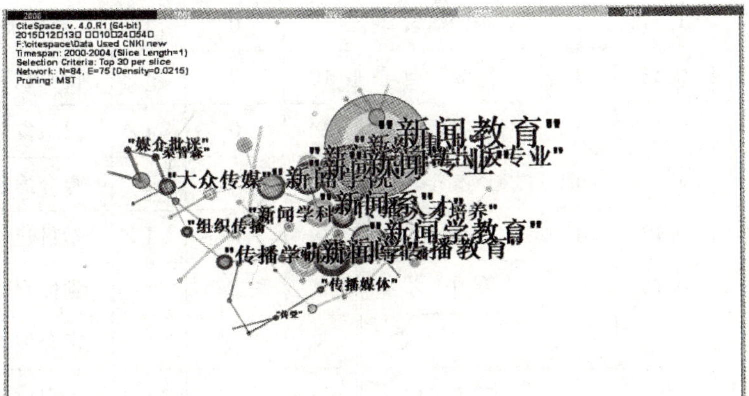

图 4-1　新闻传播学教育研究关键词共现网络图谱（2000—2004）

① 尹丽春. 科学学知识图谱（知识计量与知识图谱丛书）[M]. 大连理工出版社，2008.

表 4-1 高频次关键词及其中心性值统计表是由 CiteSpace 软件后台生成的数据列表修改而成，显示了各个关键词的共现频次、中心性和 Σ 值。考虑到如新闻系、新闻学教育、新闻学院、新闻传播学、新闻专业点等词虽然共现频次较高，但是与新闻教育、新闻传播学院等词表达的意义相同，为了不影响分析效果，在表 4-1 中未列出这些词。后面的系列表 4-2、表 4-3、表 4-4 也用了同样的删减方式。表 4-1 中高频次关键词有：新闻教育、新闻专业、新闻人

表 4-1　　**高频次关键词及其中心性值统计表**

（2000—2004）（前 30 项）

Freq.	Cent.	Sigma	Keyword	Freq.	Cent.	Sigma	Keyword
108	0. 16	1. 19	新闻教育	11	0. 27	1	人才培养
55	0. 72	1	新闻专业	11	0. 08	1	新闻心理学
28	0. 46	1	新闻人才	10	0. 12	1	新闻工作
27	1. 11	1	新闻传播教育	10	0	1	大众传播学
22	0. 12	1	新闻事业	10	0	1	传媒教育
21	0. 16	1	编辑出版专业	9	0	1	出版发行
20	0. 2	1	媒介素养教育	9	0. 08	1	媒介信息
20	0. 12	1	编辑出版学	9	0	1	学科建设
19	0. 72	1	传播人才	8	0. 08	1	党性原则
17	0. 04	1	新闻工作者	8	0. 12	1	媒介传播
16	0	1	媒介教育	7	0. 45	1	组织传播
14	0	1	传播学理论	7	0	1	传播现象
14	0. 48	1	传播学研究	7	0	1	网络新闻
13	0. 04	1	媒介素养	7	0	1	广告教育
12	0. 44	1	大众传媒	7	0	1	新闻自由

才、新闻传播教育、新闻事业、编辑出版专业、媒介素养教育、编辑出版学、传播人才、新闻工作者、媒介教育、传播学理论、传播学研究、媒介素养等。其中中心性最高的是新闻专业和传播人才两个关键词，处于图谱的中心位置（中心度=0.72），说明在21世纪初，对新闻专业建设和传播人才培养的关注是当时新闻传播学高等专业教育最重要的议题，而排在前30项中的诸如编辑出版学、媒介素养、传播学研究、新闻心理学等都是围绕上述方面在专业方向或者具体课程上的体现和延伸。

二、2005—2009年研究热点的知识图谱分析

在图4-2中，关键词共现网络图谱中共生成关键词节点53个，连线41条。从图中可看出，新闻教育、新闻传播教育、媒介素养教育等依然是频次和中心性较高的关键词，而传播学研究在这一时期的突现数值较高。

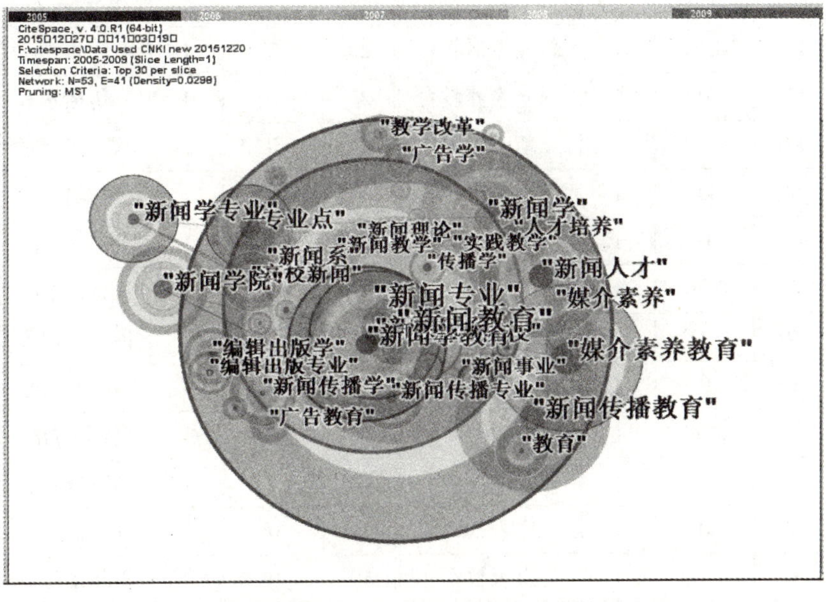

图4-2　新闻传播学教育研究关键词共现网络图谱（2005—2009）

表4-2中高频次关键词除了延续前五年中排在前10位的新闻教育、新闻专业、新闻人才、新闻传播教育、新闻事业、编辑出版专业、媒介素养教育、编辑出版学等关键词外，还出现了实践教学、教学改革、课程设置、教学方法、教学效果等深入学科教育具体领域的关键词。其中，中心性最高的依然是新闻专业和新闻教育两个关键词，处于图谱的中心位置，排在其后的是新闻传播教育、新闻人才、新闻教学等。说明这个时期的新闻传播学教育研究热点开始从宏观的学科建设和人才培养理念开始逐步深入学科教育具体环节中。

表4-2　**高频次关键词及其中心性值统计表**
（2005—2009）（前30项）

Freq.	Cent.	Sigma	Keyword	Freq.	Cent.	Sigma	Keyword
308	0.24	1	新闻教育	29	0	1	新闻理论
212	0.4	1	新闻专业	29	0	1	传播人才
111	0.11	1	新闻传播教育	28	0	1	广告学
110	0	1	媒介素养教育	27	0	1	传播学
90	0.11	1	新闻人才	27	0	1	课程设置
65	0	1	媒介素养	25	0	1	传媒教育
64	0	1	专业点	24	0	1	媒介信息
49	0.01	1	人才培养	23	0	1	出版人才
49	0.02	1	编辑出版学	22	0	1	传播学研究
40	0	1	编辑出版专业	21	0	1	新闻学科
38	0.11	1	新闻教学	20	0.04	1	教学方法
34	0	1	实践教学	20	0	1	教育模式
32	0	1	广告教育	19	0	1	广告专业
31	0.02	1	出版教育	19	0	1	新闻工作者
30	0	1	教学改革	18	0	1	教学效果

三、2010—2014 年研究热点的知识图谱分析

在图 4-3 中，关键词共现网络图谱中共生成关键词节点 60 个，连线 43 条。

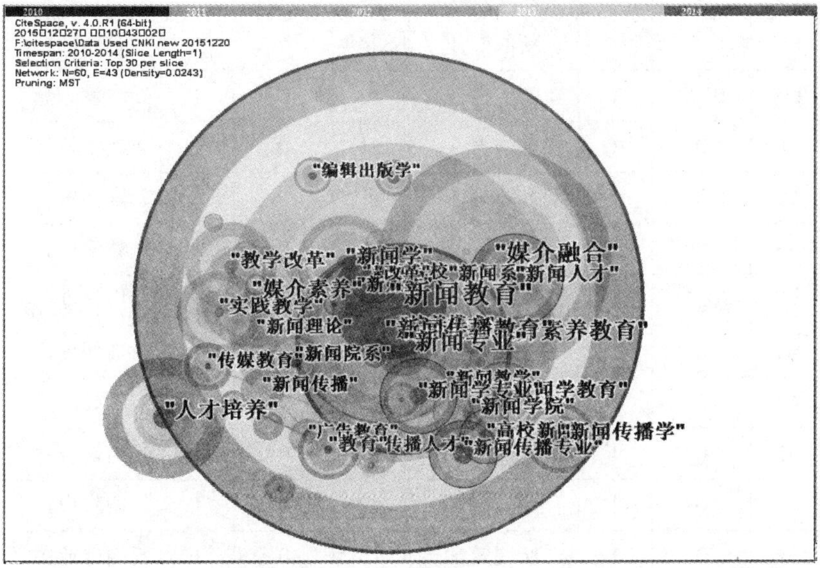

图 4-3　新闻传播学教育研究关键词共现网络图谱（2010—2014）

表 4-3 中高频次关键词除了延续前十年中排在前 10 位的新闻教育、新闻专业、新闻人才、新闻传播教育、编辑出版专业、媒介素养教育、编辑出版学等关键词外，还首次出现了媒介融合、新媒体、培养模式、通识教育等关键词。其中，中心性最高的是依然是新闻专业和新闻教育两个关键词，新闻专业处于图谱的中心位置（中心度=0. 54），排在其后的是新闻教育、新闻人才、新媒体环境等。说明这个时期的新闻传播学教育研究受传媒技术环境的影响，媒介融合、新媒体技术与趋势等成为高校新闻传播学教育的创新引擎，教育模式也随之发生了变化。

表 4-3　　高频次关键词及其中心性值统计表
（2010—2014）（前 30 项）

Freq.	Cent.	Sigma	Keyword	Freq.	Cent.	Sigma	Keyword
351	0.27	1	新闻教育	27	0	1	编辑出版学
163	0	1	媒介融合	26	0	1	课程设置
142	0.54	1	新闻专业	24	0	1	新媒体时代
119	0.23	1	新闻传播教育	22	0	1	教育理念
109	0	1	媒介素养教育	21	0	1	教学效果
92	0	1	人才培养	21	0	1	媒体融合
75	0	1	媒介素养	20	0	1	教学模式
67	0.2	1	新闻人才	20	0	1	广告专业
64	0	1	教学改革	19	0	1	新闻评论
62	0	1	实践教学	18	0.11	1	新媒体环境
35	0	1	传播人才	17	0	1	通识教育
31	0	1	新媒体	17	0	1	广告设计
31	0	1	新闻教学	16	0	1	新闻专业主义
28	0	1	广告教育	16	0	1	传播学
28	0	1	培养模式	15	0	1	媒介环境

第二节　中国新闻传播学教育研究热点的整体性分析

本节使用的方法与上一节的分阶段研究相同，将 2000—2014 年视为一个整体的时间段，为了和时间段的扩充相对应，在利用设定 CiteSpace 软件时选择每一时间片段中出现频次最高的 50 个数据，即 Text N per slice 为 50，对 CNKI 收录的相关文献进行关键词共现分析，得到分阶段的新闻传播学教育研究的关键词网络图谱。

一、关键词共现网络图谱

在图 4-4 关键词共现网络图谱中共生成关键词节点 226 个，连线 252 条。2000—2014 年间 3431 篇文献中共有 226 个出现频次在 3 次以上的关键词。

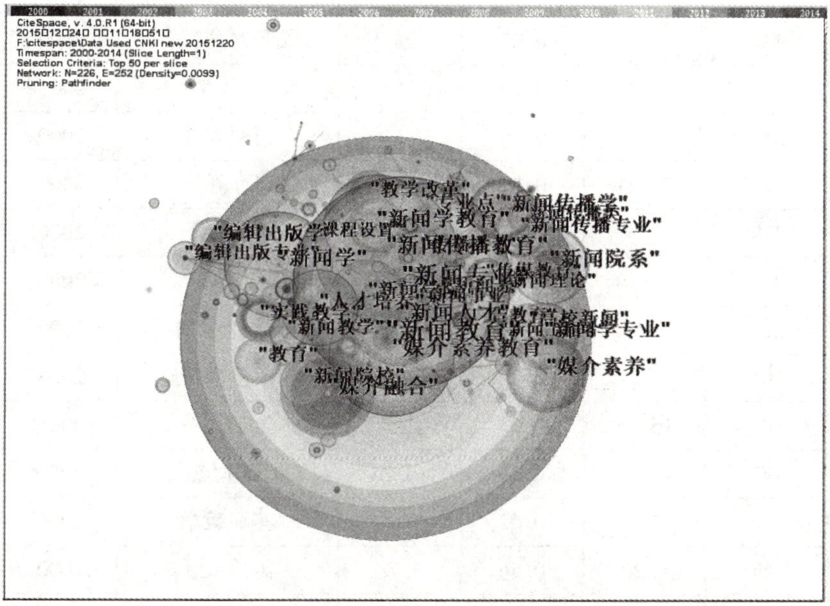

图 4-4　新闻传播学教育研究关键词共现网络图谱（2000—2014）

表 4-4 列出了 15 年间新闻传播学教育研究高频关键词前 100 个，并加入关键词首次出现年代 Year 的显示。这 15 年中出现频次在 100 次以上的关键词有：新闻教育、新闻专业、新闻人才、新闻传播教育、新闻事业、编辑出版专业、媒介素养教育、编辑出版学、传播人才、媒介融合、教学改革、媒介素养、课程设置、编辑出版专业、广告教育等，主要围绕着“专业”“人才”“教学”“理论”“课程”这几个主题。图中中心性最高的依次是新闻传播教育（0.6）、传播人才（0.56）、大众传播学（0.54）、人才培养

表 4-4　　高频次关键词及其中心性值统计表

（2000—2014）（前 100 项）

Freq.	Burst	Cent.	Sigma	Keyword	Year
1381		0.11	1	新闻教育	2000
736		0.38	1	新闻专业	2000
475		0.6	1	新闻传播教育	2000
427		0.27	1	媒介素养教育	2000
369		0.29	1	新闻学	2000
331		0.16	1	新闻人才	2000
317	71.41	0.02	3.17	媒介融合	2009
279		0.09	1	媒介素养	2000
263		0.41	1	人才培养	2000
217		0.14	1	新闻传播学	2000
188		0.02	1	新闻传播专业	2004
181	16.46	0.03	1.69	教学改革	2001
177	11.32	0.23	10.26	专业点	2000
170	12.04	0.02	1.21	实践教学	2006
157	4.28	0.56	6.78	传播人才	2000
134		0.08	1	新闻教学	2002
129		0.13	1	传媒教育	2003
128	7.47	0.06	1.6	编辑出版专业	2001
128	3.01	0	1	新闻理论	2006
119	5.15	0.05	1.29	广告教育	2000
117	9.21	0.05	1.53	新闻事业	2000
114	6.81	0.06	1.53	新闻工作者	2001
107		0	1	课程设置	2004
94		0.01	1	广告学	2002
88		0.02	1	传播学	2000

续表

Freq.	Burst	Cent.	Sigma	Keyword	Year
84	10. 08	0	1. 04	媒介信息	2004
81	9. 91	0. 14	3. 81	媒介教育	2000
79	11. 32	0. 05	1. 71	传播学研究	2001
78		0. 02	1	教育模式	2002
74		0. 03	1	教学效果	2006
74	4. 71	0. 02	1. 08	培养模式	2003
71	5. 86	0. 03	1. 21	新闻学研究	2000
70		0	1	新闻评论	2008
68	7. 16	0. 12	2. 18	大众传媒	2000
67	3. 42	0	1	教育理念	2004
65	2. 89	0	1	出版人才	2001
64		0. 03	1	教学	2003
62		0	1	新媒体	2008
62	3. 38	0	1	教学方法	2008
61	2. 95	0	1	新闻采访	2000
60		0. 06	1	传媒人才	2011
60		0	1	教学模式	2008
58	3. 92	0. 02	1. 07	实践	2008
57		0	1	媒介环境	2006
57		0	1	广告设计	2008
55	4. 02	0	1	学科建设	2001
55		0	1	体育新闻	2007
53	10. 3	0. 02	1. 22	媒介传播	2004
53	2. 85	0	1	研究生教育	2013
52	6. 66	0. 03	1. 24	媒介批评	2000

续表

Freq.	Burst	Cent.	Sigma	Keyword	Year
51	8.91	0.24	7	传播学理论	2013
50	7.92	0.03	1.23	新闻心理学	2000
50		0	1	新闻业务	2000
49		0	1	教育改革	2000
48	4.35	0	1	批判能力	2001
47	6.96	0.02	1.12	媒体融合	2001
47		0	1	传播学院院长	2004
45		0	1	新闻专业主义	2010
45		0	1	媒介技术	2005
45	8.16	0	1	通识教育	2011
45	2.88	0	1	新闻价值	2010
44		0	1	新闻写作	2010
43	5.63	0.2	2.79	传播专业	2000
43		0	1	新闻伦理	2000
42	5.73	0.08	1.52	传播活动	2001
42		0	1	密苏里大学	2014
42		0	1	复合型人才	2004
42	4.1	0	1	传播理论	2003
41		0.02	1	教育工作者	2012
41		0.02	1	中国人民大学	2006
41		0	1	中国新闻史	2000
41	8.24	0	1	出版发行	2000
40	13.1	0	1	新媒体时代	2007
40		0	1	新闻摄影	2001
40	4.01	0	1	电视新闻	2014

续表

Freq.	Burst	Cent.	Sigma	Keyword	Year
39	3.02	0	1	国际传播	2002
38	3.7	0.24	2.21	传媒素养	2003
38	9.59	0	1	数字出版	2011
37		0.01	1	新闻采写	2003
37	4.92	0	1	地方高校	2011
36	8.13	0.54	33.78	大众传播学	2013
36	4.75	0.07	1.4	传播现象	2011
36	2.89	0	1	人才培养模式	2001
36	7.71	0	1	美国传播	2002
35		0	1	广告人才	2010
34	4.05	0.14	1.73	传媒人	2011
34	3.02	0	1	新闻职业道德	2008
33		0.03	1	媒体时代	2004
33	7.52	0	1	新媒体环境	2004
30	5.24	0.02	1.09	教育内容	2013
30		0	1	课程体系	2010
30		0	1	广播电视新闻	2001
28	3.38	0	1	徐宝璜	2008
28		0	1	编辑出版	2003
28	7.1	0	1	高职院校	2000
27	9.77	0	1	全媒体	2011
27		0	1	案例教学法	2013
26	6.14	0	1	美国新闻	2011
26	4.69	0.02	1.08	传播心理	2013
24	0	0	1	电子媒介	2004

(0.41)、新闻专业（0.38)、媒介素养教育（0.27）等，这些高中心性节点在图中都以深色圈标注出来，这些节点对其他节点，即关键词，都有很强的影响力和控制力，其位于连接新闻传播学教育研究的不同研究热点的关键路径上，而且在该领域中具有核心地位。按照 Σ 值大小来观察关键词所代表的研究热点领域，图中主要集中大众传播学、专业点、传播学理论、传播人才、新闻学教育、媒介（素养）教育、出版教育、新闻自由、教学改革等方面。

二、关键词共现时区图谱

为了显示 2000—2014 年中国新闻传播学教育研究热点的演化，本研究在关键词共现网络的基础上绘制了图 4-5 新闻传播学教育研究关键词共现时区图谱，如图 4-5 所示。由图可以清晰地看到 15 年间新闻传播学教育研究热点在时间维度上的演进以及关键词之间的互相影响。

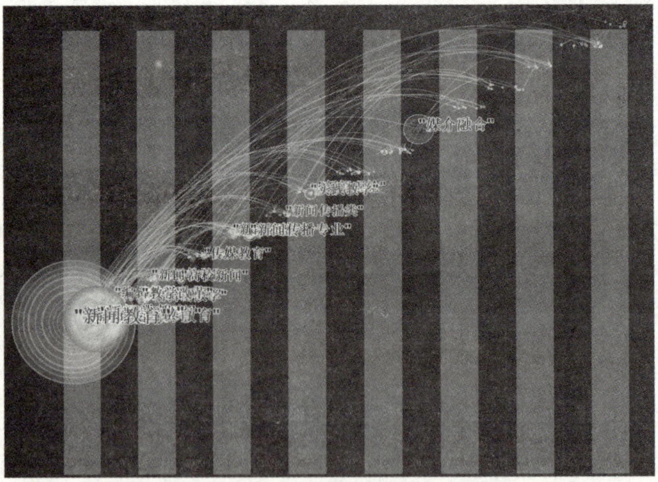

图 4-5　新闻传播学教育研究关键词共现时区图谱（2000—2014）

表 4-5 依据 Σ 值大小选出了代表性关键词，并列出了这些关键词出现的时间。结合这两个图表，可以看到，新闻传播学教育研究

表 4-5　**新闻传播学教育研究代表性关键词出现时间表**

Keyword	Year	Keyword	Year	Keyword	Year	Keyword	Year
2000—2005				2005—2009		2010—2014	
大众传播学	2001	国际传播	2002	美国新闻	2005	媒体融合	2010
传播专业	2001	传媒素养	2003	实践教学	2006	通识教育	2010
编辑出版专业	2001	培养模式	2003	传播理论	2006	新媒体环境	2010
新闻工作者	2001	传播心理	2003	新闻理论	2006	人才培养模式	2010
传播学研究	2001	教育理念	2004	实践	2008	全媒体	2011
教学改革	2001	组织传播	2004	新媒体	2008	数字出版	2011
教育内容	2001	网络新闻学	2002	教学方法	2008	复合型人才	2012
出版发行	2001	网络传播学	2002	媒介融合	2009	地方高校	2011
学科建设	2001	传播现象	2002	研究生教育	2007	高职院校	2013
出版人才	2001	电视新闻	2002			自媒体	2014
						新媒体时代	2014

热点演进呈现如下特点：

一是该学科宏观建设和发展维度的热点如新闻学专业研究、传播学专业的理论研究、媒介素养教育研究等在21世纪开始就受到重视，并一直持续和影响其他热点的出现，所以在图中2000—2004年间的节点特别密集，而且和后面时区中节点的连线也很多，这些研究热点领域与后面时区热点的传承关系较强。

二是教学研究在新闻传播学科教育中的重要性逐渐提升，与此相关的关键词诸如教学改革、实践教学、课程设置、教学效果等在各阶段的出现频次越来越高。

三是新闻传播学教育研究的时代性明显，特别是受传媒技术发展的影响明显，21世纪初5年，高频关键词中的大众传播学、电视新闻、编辑出版等都是基于对传统大众传播媒介的研究而产生，在2002年出现了多篇以网络传播学为关键词的文献，而随着互联网的迅速发展，2008年的关键词中出现了媒介融合和新媒体，之后2011年的高频关键词中出现了全媒体，2014年高频关键词中出现了自媒体。

三、新闻传播学教育研究热点与主要领域分析

通过归纳分析上文图谱中具有高度中心性和高频次的节点，基本上可以把2000—2014年中国新闻传播学教育研究热点领域概括为以下几个方面：

（一）学科建设

学科建设的重要性在中国新闻传播学科的发展过程中一直处于首要地位，新闻传播学包含了新闻学和传播学两个二级学科。这个学科建制的历史经历了从新闻学到传播学，再到一级学科新闻传播学，学科本身在短短20年间不断地在改造，以适应各种内外影响因素的变化和需要。因此在关键词共现图谱中，无论在哪个时间段，涉及新闻传播教育、教育改革、专业发展的关键词都具有较高的中介中心性，其中“新闻传播学教育”的中心性值为0.6排首位，说明学科建设是新闻传播学教育研究的重点，也是该学科的核

心和立足之根本。因此，这些高中心性节点辐射出大众传播学、专业点设置、新闻学专业、编辑出版专业、新闻院系等高频关键词。在热点领域的代表性研究文献有：

方延明在《对我国新闻学学科建设的几点思考》一文中提出面对社会的快速进步和新闻实践的发展，新闻学科的发展也有新的要求，新闻历史、理论、业务这“三大”传统体系的重建是不可避免的。逐渐削弱新闻历史研究、重建新的学科体系是新闻学科发展的必经之路；外部注入形式的新闻理论也会注入其他外在形式且与新闻实践融合紧密；学科的主体将为新闻实务，其主要内容为实务“文本”和实务“管理运营”①。

倪万、郑丽丽与郑训佐认为新闻传播学研究生课程和研究培养目标的调整和演变应该顺应社会文化、政治和经济环境的变化，改变纯粹的学术追求而符合多元化发展的社会需求。但从历史的角度来看，这种多样性的发展有着学位类型单一、人才培养目标模糊等实际问题，所以新闻传播学研究生教育需要满足社会发展的要求，坚持开拓创新的精神，尊重学科特有的发展规律②。

王斌以国内外学科评估的类型为基础，辅以美国新闻传播学科的评估案例，总结了不同教育评估体系在新闻传播学科评估上的差异和争议，并提出中国新闻传播学学科的评估应该有多元化的主体，通过促进数据库的建设来实现结构化的自我评估③。

沈正赋提出目前新闻传播学的快速发展过程中不可避免地存在一些薄弱环节需要得到完善：第一，要合理设计和科学论证新闻传播学学科系统；第二，新闻与传播专业的总体规划需要进行合理布局；第三，重视新闻专业教师培养、在优化教师结构的基础上提高教学水平；第四，增强新闻传播学教材建设；第五，加强新闻传播

① 方延明. 对我国新闻学学科建设的几点思考［J］. 南京大学学报（哲学·人文科学·社会科学），2007，44（6）：109-117.

② 倪万，郑丽丽，郑训佐. 新闻传播学研究生教育发展的历程及反思［J］. 当代教育科学，2010（3）：59-60.

③ 王斌. 新闻传播学学科评估的理论与实践［J］. 国际新闻界，2007（5）：5-10.

学理论与实践的整合①。

欧阳明在分析了中国大陆新闻传播学教育存在的主要缺陷和传媒业的现状的基础上，认为人才培养的多元化、规模的适度合理、有效的改革方案是新闻传播学专业教育改革所需遵循的基本思路②。

陈力丹对我国新闻传播学的历史发展做了分化、整合与研究方法三方面的概述。他认为中国新闻学专业人员对传播学的研究有其历史偶然性。“传播学”的“本土化”发展观点，其思想认识的基础是建立在划清与西方传播学的界限上，但实际上如议程设置论、公共领域等传播学理论在中国的传播过程中被赋予了中国文化背景和制度的语境。所以在研究话题上，新闻学的一些研究内容与传播学的话题被整合到一起，例如“传播真实”问题。在研究该学科的方法上，质性研究和实证研究应该结合在一起，另外，还要把人文、历史等哲学研究方式和思维方式也纳入其中③。

王成文认为，政策辅助力度不足和学科内部资源分布失衡是新闻传播学本科教育层面存在的最大问题，多数教育优势资源被部分专业、区域及学校占据，这也是高等学校本科教学质量与教学改革工程实施十年以来新闻传播学科亟待解决的问题④。

李杉在《影响广告学术发展历史的动因研究——基于1979—2008年新闻传播学五本核心期刊的实证分析》中认为广告学科具备“产学二重性”，即“学理”和“应用”的双重属性定，其中学科的根基是广告学的“学理”属性，而学科的特点是其“应用”属性，也是广告学科区别于其他学科的关键。所以广告学需要同时

---

① 沈正赋. 坚持用科学发展观统领我国新闻传播学学科建设与发展［J］. 东南传播，2010（6）：16-18.

② 欧阳明. 对我国内地新闻传播学专业教育改革的几点思考［J］. 现代传播：中国传媒大学学报，2010（9）：118-121.

③ 陈力丹. 新闻传播学：学科的分化、整合与研究方法创新［J］. 现代传播：中国传媒大学学报，2011（4）：23-29.

④ 王成文. 新闻传播学类本科国家级“质量工程”发展现状研究［J］. 中州大学学报，2011，28（3）：93-96.

具备学术基本框架和原则所代表的“学”字以及广告行业实践对其影响所代表的应用性。进一步，广告学术论文受广告学科属性的限定，也必然具有“产学二重性”特征，行业外因、学术外因是影响广告学术论文的两个因素①。

张瑜烨在《我国新闻传播学研究生教育的研究起点及研究进程》一文中提出我国新闻传播学研究生教育的起源和发展脉络包括五个阶段。以后新闻传播学研究生教育范围的研究焦点可能是深入探讨目前新闻传播学专业研究生教育中存在的不足，如关于新闻传播学研究生导师资源的研究，新闻传播学领域中研究生科研项目的审批和管理中的问题，新闻传播学专业研究生的激励机制、创新机制等。另外一个研究重点是专业硕士、学术硕士的人才培养质量问题，一个新的研究方向是博士培养层次的新闻传播学教育改革。而在新闻传播学研究生教育中，定量实证研究是一个发展趋势，但同时更受青睐的是定量和定性研究相结合的混合研究方法②。

陈培爱在《突出特色锐意创新——对我国新闻传播学博士点建设的思考》一文中认为许多高等学科教育中遇到的共同问题是人才培养不能接轨社会需求。和规模问题相比，不合理的结构是中国新闻传播教育目前最大的问题，如本科阶段的培养没有对接上媒体发展和网络发展对传播类人才的需求。而在博士阶段的人才培养中，博士论文是大多数院校重视的内容，但忽视了其他应用性的技能。理论与实践紧密结合才是新闻传播教育的理想状态，新闻传播类专业博士培养应该是扎实的实践技能和深厚的理论素养同时具备。素质教育和专业教育在博士生培养上都应该强调。因此，必须调整学科设置，目前培养博士生主要是新闻学与传播学两个二级博士点，可以把媒介经营管理学、广告学等其他相关的二级博士点增

① 李杉. 影响广告学术发展历史的动因研究——基于1979—2008年新闻传播学五本核心期刊的实证分析［J］. 当代传播，2011（5）：88-90.

② 张瑜烨，杨海洋. 我国新闻传播学研究生教育的研究起点及研究进程［J］. 当代继续教育，2013，31（2）：62-65.

加进去，使学科设置更趋于合理。①

（二）人才培养

人才培养是指对人才进行教育、培训的过程，新闻传播学科人才培养的目标是让学生得到该学科基础研究和应用研究的训练，具备基础理论知识和实践技能，对应社会对人才的需求，该学科的人才培养按照专业产生了传播人才、新闻人才、出版人才、广告人才、新媒体人才、人才培养目标、人才培养模式、复合型人才等多个关键词。其中复合型人才是2012年的高频关键词，反映出新闻传播学近几年在培养途径上与传统模式相比较实现了三个转变：从单学科教育转向多学科综合教育，从侧重技能训练转向学理教育与技能训练并重，从廉价教育转向投入教育②。这个方面的代表性观点有如下几种：

伍顺比和董小玉在《多元与特色：新闻传播学实践人才培养的审思——基于传媒类国家级实验教学示范中心的分析》一文中，通过分析2006—2010年这5年中评选出的传媒类国家级实验教学示范中心和实践教学模式现状，提出了在媒介融合驱使下，新闻传播学实践教学相应的对策。研究中提出网络融合、内容融合和终端融合是融合的三大趋势。这种融合是颠覆性的变革，在其过程中，传媒组织对于传媒人才的需求也相应发生了变化，新的媒介生态要求新闻传播学教育界必须改革新闻传媒实践教学。这也是新闻传播学实践人才的培养在媒介融合环境下的时代意义③。

韩建民认为在新闻传播业界和高等教育界，财经新闻人才的培养备受重视，原因是经济在社会和个人生活中都具有重大影响，但

① 陈培爱．突出特色锐意创新——对我国新闻传播学博士点建设的思考［J］．今传媒，2006（6）：12-13.

② 吴廷俊．问题与成绩同行：1978—2008中国新闻教育发展研究［J］．新闻大学，2009（2）：33-42.

③ 伍顺比，董小玉．多元与特色：新闻传播学实践人才培养的审思——基于传媒类国家级实验教学示范中心的分析［J］．现代传播：中国传媒大学学报，2011（9）：118-122.

目前财经类院校新闻传播人才的教育却有教学目标不明确、教师实践水平不够、教师引进机制不完善等问题，因此必须加大财经类课程的设置以符合社会对财经新闻人才的需求，建设主要以“经济学”为主体的课程体系，以培养“经济+新闻”的复合型人才①。

杜向菊在《探析地方高校新闻传播学专业人才培养模式》一文中认为地方高校通常教师资源相对薄弱，实验室设备和设施相对缺乏，因此地方新闻与传播学院和重点大学在新闻传播专业人才培养的目标上应该有所不同，应该培养本地新闻人才。信息时代的到来使传媒市场的竞争更加激烈，地方新闻传播学院必须加强学生的实践能力和动手能力、专业知识和专业技能，使学生更加符合地方人才需求。换句话说，地方高校新闻教育应强调“专业复合型”，从而扩大“复合型人才”的内涵②。

王珊珊在《新闻传播学专业高层次人才培养区域研究述评》以七大行政区域划分为基础，分析了专业新闻硕士和博士课程的分布区域，结合地区经济和教育发展水平，比较了新闻学科人才培养的学科水平分布的地域现状，并探讨其分布的合理性、科学性和协调性，尝试对新闻专业人才培养提出了区域性建议③。

耿蕊在《应用型新闻传播学人才培养模式的探索与实践——以长沙理工大学为例》一文中，以长沙理工大学新闻学专业方向人才培养实践为例，提出培养应用型新闻传播学人才的新模式，应该建立全媒体新闻人才培养基地，对教学方法、培养方案、实践课程、效果考核等方面进行改革创新④。

① 韩建民. 财经院校新闻传播学类人才培养的发展、问题及路径［J］. 社会科学论坛：学术研究卷，2009（6）：136-139.

② 杜向菊. 探析地方高校新闻传播学专业人才培养模式［J］. 新闻知识，2009（5）：71-73.

③ 王珊珊. 新闻传播学专业高层次人才培养区域研究述评［J］. 新闻世界，2013（4）：199-200.

④ 耿蕊. 应用型新闻传播学人才培养模式的探索与实践——以长沙理工大学为例［J］. 创新与创业教育，2013（6）：52-54.

（三）课程与教学研究

教学改革在关键词共现图谱中共出现了181次，综合中心性与频次的Σ值排在所有关键词的第二位，是新闻传播学教育研究热点中的重点研究，其涵盖了与之相关的多个关键词，如教学改革、实践教学、教学方法、新闻教学、教学效果、教学计划、教学模式、案例教学、课程设置、课程体系等，此外还有具体专业课程的深入研究，如新闻采访、新闻摄影、国际传播、组织传播、新闻心理学、广告设计等。这一类的代表性研究文献有：

罗以澄和强月新在《综合·贯通·提高——对新闻业务课程体系一体化的思考》一文中认为新闻学的重要内容之一是新闻业务知识，新闻业务也是新闻学教育和新闻学理论研究的历史起点。专业化和细分化的发展形成了目前新闻采访、新闻写作、新闻编辑、新闻评论四大并列的核心内容格局。当前高校新闻教育改革的目的主要是打破分割的内容，建构融合新闻业务的“通论”①。

李建新在《新闻教学课程设置及核心课程选择》中提出新闻教学课程的设置要强调新闻学教育的总体目标，为实现这个专业培养目标，需要增加媒体科技、传播学、传播科技、社会学等课程，以提升学科的学术水平，同时改变新闻学教育中存在的重实践重应用、轻理论轻科技的不足②。

张明新认为目前案例教学的重要性以及在高等新闻与传播学教育中的的价值还没有引起媒体教育工作者和相关课程制定者的广泛关注。虽然已经有很多学校在使用案例教学，但在教学过程、方法、案例的选择和使用、教学效果评价等方面都有需要改善的地方。在案例教学实践中应该遵循“实践—理论—实践”的教学模

---

① 罗以澄，强月新．综合·贯通·提高——对新闻业务课程体系一体化的思考［J］．武汉大学学报（人文科学版），2001，54（2）：240-243.

② 李建新．新闻教学课程设置及核心课程选择［J］．当代传播，2008（6）：74-76.

式，突出学生的互动性和创造性，同时注重案例库的建立和更新①。

魏占兴在《基于 SNS 的新闻传播学学习共同体建构探析——以兰州大学新闻与传播学院三颗豆 SNS 学习交互系统为例》一文中提出，基于“六分离”理论的 SNS 网站交互性良好，传统的人际网络模式被改变，该系统最重要的特点是以用户为中心，多渠道、多形式的信息传播和互动，反映了人的信息需求，促进共享、交互、协作的理念。社区成员可以依据个人特点，收集和处理信息，并与其他人进行互动，共同创造和共享资源。在新闻传播学教育方面，通过优化后的 SNS 网站可以建立教师和学生的交流学习平台②。

蔡雯在《新闻传播学案例教学现状调查——对海外高校案例库建设与案例课程设计的观察与思考》一文中提出，新闻传播学教育中的案例教学使用比工商管理、法学、公共行政等其他学科要晚。作者研究了海外高校和新闻培训教育机构中案例教学方法在案例库建设、案例课程设计等方面的现状和不足，并总结出世界各国在这两方面建设上的优势和经验，特别指出哥伦比亚大学以及德国、日本等国家的培训机构在案例教学方面值得中国同类学校借鉴之处③。

王锡苓认为实证研究方法在中国新闻传播学教育领域越来越受重视，然而，实证研究方法教学中仍存在一些不规范现象。因此实证研究方法应得到足够的重视。新闻传播学是文科中的工科，那么首先在教学思想的确定、培养目标的设立、教学计划的拟订、教学

① 张明新. 新闻传播学专业案例教学的理念与实践［J］. 东南传播，2009（8）：18-20.

② 魏占兴. 基于 SNS 的新闻传播学学习共同体建构探析——以兰州大学新闻与传播学院三颗豆 SNS 学习交互系统为例［J］. 中国电化教育，2013（5）：19-22.

③ 蔡雯，罗雪蕾. 新闻传播学案例教学现状调查——对海外高校案例库建设与案例课程设计的观察与思考［J］. 现代传播：中国传媒大学学报，2012，34（9）：119-122.

手段的采用等方面都应该体现出其特点来。其次，加强对教师的训练是提高教学质量的根本①。

邱戈在《打破常规的问题与对话——“传播与社会”课程教学实践与思考》一文中根据所讲授“传播与社会”课程的特点和学生情况，尝试性地运用了一种问题对话的方式来组织教学实践，问题对话式教学组织方式可能更适合比较成熟的、有一定基础的学生和那些综合运用类的课程。而课前充分的准备、问题的水平与设计和对课题对话的掌控能力是此方法成功的关键性因素②。

（四）新闻传播学教育理念研究

新闻传播学学术发展与新闻传播教育的关系问题在中国新闻学科发展过程中一直是教育者思考和辩论的问题，围绕教育理念的思考，学者们在近 15 年主要讨论的话题有新闻教育与传播教育的理念冲突、新闻传播学的学术本位与教育本位的纠葛③。吴廷俊教授认为由于传播学在中国发展的特殊动因和经历，使得传播学教育与新闻学教育产生了“剪不断，理还乱”的关系，新闻专业是应用性专业，传播专业是学理性专业，新闻专业的人才培养有很强的职业化倾向，而传播专业的人才培养没有职业化倾向，它一方面培养高级传播理论研究人才，另一方面为相关专业提供学术支撑④。到了 2010 年之后的新媒体时代，有学者主张新闻传播教育在理念上应积极引导学生敏锐地捕捉媒介生态变化，关注新媒体引发的一系列问题与挑战，并对这些问题进行批判性的探索与思考，探索在媒

---

① 王锡苓，姚慧，段京肃. 对实证研究方法课程在我国新闻传播学教育中现状的思考［J］. 国际新闻界，2007（7）：49-52.

② 邱戈. 打破常规的问题与对话——《传播与社会》课程教学实践与思考［J］. 中国成人教育，2010（20）：148-149.

③ 杜骏飞. 新闻传播教育的若干基本问题［J］. 新闻大学，2009（1）：24-30.

④ 吴廷俊. 问题与成绩同行：1978—2008 中国新闻教育发展研究［J］. 新闻大学，2009（2）：33-42.

体变局中如何做新闻，而不是一味强调传统的新闻专业主义伦理规范①。这方面的代表性研究还有：

程晓萱和张昆在《新闻传播学教育中三大误区的解构性分析》一文中提出目前新闻传播学教育主要误区有：第一，新闻教育在加强实践教学时过分注重新闻信息传播时的叙事技巧；第二，加强学科理论素养教育过分强调纯粹的文学教育；第三，进行专业教育时过分强调专家型教育。在新闻教育改革应积极促进非工匠式的实务实践教学，非纯文学式的学养培育和非专家型的专业培养②。

赵平喜在《融媒时代新闻传播学教育“融合”创新的四个环节》提出媒介融合在国内正成为传媒业发展的一种新趋势。这种媒介融合的态势对我们国内传统新闻传播学教育教学的发展提供了新的挑战和机遇。媒介融合下的新闻传播学教育必须进一步“融合”创新，以教育教学的大融合、大发展来策应和促进传媒业的媒介融合③。

郭可在《中美新闻传播学学术传统比较研究——兼谈我国新闻传播学的发展》一文中，以中国和美国的新闻传播学主流学术期刊为研究对象，对期刊在2000—2005年刊登的所有论文进行了内容分析，总结出两国新闻传播学的学术研究特征并进行了对比分析，以此反思中国的新闻传播学在发展中呈现出的问题，提出必须对新闻传播学教育质量进行提升，优化学科学术制度建设④。

王君超在《新闻学：走出传播学还是走出自己——兼论新闻传播学对新闻实践的作用》一文中认为，20年前，新闻与传播学理论开始在中国传播，这一新学科的出现经历了漫长的孕育和发展

① 余秀才. 新媒体语境下新闻传播教育面临的困境与革新［J］. 新闻大学，2015（4）：133-139.

② 程晓萱，张昆. 新闻传播学教育中三大误区的解构性分析［J］. 湖北社会科学，2006，2006（10）：186-187.

③ 赵平喜. 融媒时代新闻传播学教育“融合”创新的四个环节［J］. 现代视听，2012（10）：19-22.

④ 郭可，张军芳，潘霁. 中美新闻传播学学术传统比较研究——兼谈我国新闻传播学的发展［J］. 新闻大学，2008（1）：53-63.

过程。传播学的理论体系有利于新闻学理论学科的发展与创新，传播学理论对新闻教育中的实践教育提供了借鉴，有利于促进新闻人才的传播①。

蒋晓丽在《中国台湾地区新闻传播学教育之先锋性研究》一文中提出，新闻传播学教育在台湾地区快速发展的原因之一是师资队伍具有高素质，这样的高素质师资使得台湾地区的新闻传播学在吸取西方传播理论的同时亦建构了本土研究领域和学术地位，实现了与西方传播学界的学术对话，因此先锋性是台湾新闻传播学教育的突出特点②。

刘运来在《大数据时代下高校新闻传播学教育变革的思考》一文中提出，一场由大数据浪潮袭来引起的社会变革使许多传统行业都必须面对。这一变化不仅影响了传媒业，也给高校的新闻教育带来了挑战。新理论、新技术、新闻理念、课堂教学方法等，都会影响到新闻教育工作者。面对这些挑战，培养更好的能适应大数据信息环境的人才，需要从教学方法、自媒体运用能力、专业知识体系等多方面进行教育改革③。

雷跃捷在《社会转型时期我国新闻传播教育的成就和问题》一文中提出，中国新闻传播学教育存在一些问题亟待解决，主要是新闻传播实践与该学科的教育脱离严重、专业意识淡薄，东部和西部地区之间的教育水平存在较大差距，在办学规模迅速扩大的情况下，新闻传播学教育机构和业界媒体都期待提高新闻传播学的教育质量④。

---

① 王君超．新闻学：走出传播学还是走出自己——兼论新闻传播学对新闻实践的作用［J］．清华大学学报（哲学社会科学版），2007（3）：133-139.

② 蒋晓丽．中国台湾地区新闻传播学教育之先锋性研究［J］．西南民族大学学报（人文社科版），2007，28（4）：116-118.

③ 刘运来．大数据时代下高校新闻传播学教育变革的思考［J］．新闻知识，2013（12）：80-81.

④ 雷跃捷．社会转型时期我国新闻传播教育的成就和问题［J］．现代传播：中国传媒大学学报，2013（3）：135-138.

第三节　综合讨论

本章以 CNKI 数据库中 2000—2014 年有关新闻传播学教育研究的 3431 篇文献作为研究对象，运用 CiteSpace 可视化分析软件绘制了关键词共现知识图谱，分析了研究热点词汇及其教育研究的领域分布状况，本节将在前文数据的基础上进行综合讨论。

一、2000—2014 年新闻传播学教育研究的主题特征

中国新闻传播学教育研究文献的关键词，在主题上集中性强，即研究范围总体上稳定，但在不同阶段又呈现一些侧重点，详细特点如下：

（1）热点研究领域中涉及新闻传播学教育的核心主题持续性突出，如学科发展、教学研究、课程研究，各阶段的热点研究领域都受到这几个核心主题的影响，相对比较稳定，且衍生出与之相关的各阶段性热点。如教学改革在前五年的出现频次是 30 次，中间五年是 64 次，三个阶段总值是 181 次，类似的还有实践教学、专业点研究等，在十五年中出现的频次、中心性以及突现数值都排在前位。

（2）热点领域从聚焦宏观学科建设发展规划逐渐扩大覆盖学科教育的具体层面，且随着时代性不断变迁。新闻与传播教育经受着现代化传播媒介的不断冲击。早期广播、电视这两种媒介先后进入普及阶段，传统报学教育被迫变革为广播新闻学、电视新闻学、报学三足鼎立的局面，之后网络与新媒体的发展，又催生了“网络与新媒体”专业的产生。传播环境和技术的冲击与挑战，成为新闻与传播教育理念创新要持续面对的问题，因此引起不少学者对该学科教育理念的思考。新媒体时代，新闻传播教育在理念上应积极引导学生敏锐地捕捉媒介生态变化，关注新媒体。

（3）新闻传播学学科教育中的核心概念得到深度辨析与重构。“新闻学”“传播学”“新闻传播学”这几个名称中的歧义与重名

在关键词共现网络中也贯穿了十五年，针对有关学科使命与学科构成的问题，学术界形成了一系列新主张。学科的根本目标是服务人民，服务的基本方式是分工合作。传播学与基础传播学互不相等，传播学与新闻学互不平行。传播学中，研究与教学并重，相辅相成，缺一不可；教学中，理论与实践并重，同样重要；传播研究中，基础与应用并重。传播学中包括新闻学、公关学、广告学、媒体管理学、基础传播①。在当前新传播技术革命的背景下，新闻传播学科的建设需要整体转型：研究方式向经验性研究转向；在教学上，要改变原有以媒介种类划分专业的做法，转向以传播内容为划分，并与新媒体实验室互相勾连；在思维方式上，要引入网络化关系，以重新理解和思考传播、媒介及其与人和社会的关系。整体转型是一个大方向，在这样的基础上，突出各自的特色，以特色为中心带动学科的转型。

二、2000—2014 年新闻传播学教育研究热点的演化特点

（一）研究热点演化过程持续动态变迁

前文中各个阶段知识图谱的变化反映了新闻传播学教育发展的动态过程。各类研究主题的变迁是新闻传播学科整体结构演化的体现，学科自身的研究范围在不断拓展，研究热点数量在增加，研究热点涉及的领域在分散，研究主题呈分化和细化的趋势。例如，传播学主题领域内的研究热点随着时代发展而变化，在最初阶段是以大众传播学为主要研究主题，而之后逐渐涌现出组织传播、国际传播、传播心理学、网络传播等多个细化的主题。除受学科自身发展影响之外，新闻传播学教育研究热点的动态变化还受到其他学科或技术的影响。例如，从 2013 年开始以连通主义理论和网络化学习的开放教育学为基础的慕课（MOOC）在中国兴起，这种在全球广泛引起关注的在线学习方式，也引起了新闻传播学教育研究者的关

① 赵心树. 新闻学与传播学的命名、使命及构成——与李希光、潘忠党商榷［J］. 清华大学学报（哲学社会科学版），2007（5）：100-120.

注。浙江大学的学者韦路和谢点提出慕课时代背景下的新闻传播教育应该积极吸取网络在线教育的优点，补充和延展新闻传播学传统授课方式，结合学科专业在线教育平台的建立和课程建设的契机，来实现新闻传播学的课程整合、学制改良和知识普及①。

（二）研究热点反映学科内部结构不断变化

新闻传播学科的内部结构受到社会和媒介技术发展的极大影响，每一次媒介变革推动的传播范式转型，都会让新闻传播学教育在一段时间或一定程度上滞后于技术发展。例如，2008年出现的研究热点“新媒体”，给整个社会带来的影响是颠覆式的，受其冲击，新闻传播学教育人员的角色定位、教学实践内容都发生了根本性变化，学科的教育理念、授课方式、课程内容等也都随之成为学界关心和思考的问题。

（三）研究热点成果的理论性和学术性有待提高

从本章前文的数据可看出，中国新闻传播学教育研究的主题虽广泛分布在学科教育领域的各个层面，但是缺乏理论研究上的创新和突破，基础理论研究不够。教育研究的主题和学科现实发展问题联系十分紧密，正因为这个学科由美国“舶来”的特点，学科历史与其他人文社会科学相比时间较短，先后经历了新中国成立前的美国模式和新中国成立后的苏联模式，20世纪80年代之后又因为传播学的引入产生了新闻学和传播学关系的持续讨论。因此，和国外一些国家相比，中国新闻传播学教育研究的视野一直围绕着本就并非“根深蒂固”的学科基本问题而展开，研究成果多为经验描述和总结，缺乏系统性和理论性较强的教育研究成果，这是影响该学科教育研究演化的客观历史因素。

---

① 韦路，谢点. MOOC（慕课）时代的新闻传播教育［J］. 新闻与写作，2015（5）：27-32.

第五章　中国新闻传播学教育研究前沿的知识图谱

本章的研究内容将使用 CiteSpace 的识别突现词及其所在文献的功能，并分析其自动生成被引文献历史曲线图，由此来定位和辨别我国新闻传播学教育研究前沿主题。研究前沿是某个科学领域中科学文献的暂时性成分，研究前沿的概念最早是由普赖斯于 1965 年引入，用来描述一个研究领域的过渡本质的概念。普赖斯观察到利用他定义的即时指数的概念，可以看出科学家引用最近发表文章的趋势。在特定领域，研究前沿指的是科学家积极引用文章的主要部分。皮尔逊认为就文献计量学而言，引文形成研究前沿，被引文献则组成知识基础。知识基础由共被引簇代表，共被引的阈值大小直接决定着知识基础群的规模。通过逐渐降低共被引的阈值，就逐渐扩大知识基础——具有低共被引阈值的大量文献被加进共被引簇从而扩大了知识基础。皮尔逊发现知识基础在相当长一段时间内非常稳定①。陈悦等认为，在 CiteSpace 中，一个学科的研究前沿表现为涌现的施引文献群组。它从两个方面来体现研究前沿的特征：描述观点的正文和引用的参考文献。具体来说，研究前沿是由形成文献共被引矩阵中的文献及其施引文献中使用的突现词（burst terms）或者突现词的聚类来体现的，具体指采用“突发词检测”算法来确定研究前沿中的概念，基本原理就是统计相关领域论文的标题和摘要中词汇的频率，根据这些词汇的增长率来确定哪些是研

---

① Persson O. The intellectual base and research fronts of JASIS 1986-1990 [J]. Journal of the Association for Information Science and Technology, 1994, 45 (1): 31-38.

究前沿的热点词汇。运用聚类分析对同时出现在某一篇文献中的某些术语进行分析探究后，即可绘制出某领域“研究前沿术语的共现网络图”。需要说明的是，因为研究前沿的分析需要涉及文献共被引的研究，而CNKI数据库的文献输出与格式转换中无法实现CiteSpace软件运行所需要数据格式中的CR（参考文献）字段，无法获得文献共被引分析信息，所以本章节采用的数据来源为中文社会科学引文索引（CSSCI）数据库。CSSCI数据库的每篇文献都可输出具体的参考文献，符合科学计量学共词分析方法对数据的要求，同时CSSCI收录的都是学科的核心期刊，对论文的质量要求也很高，通过同行专家的评议和审核，能够有效确保文献内容有较高的新颖性和学术性。

第一节　中国新闻传播学教育研究前沿的演化

为了探讨这15年里新闻传播学教育研究前沿的发展轨迹，在软件操作过程中，点击设置网络节点类型（Node Types）为（Term），每一年为一个区分，并且选择每一时间片段中出现频次最高的50个数据，即Text N per slice为50，对CSSCI收录的2806篇文献及其参考文献进行突现词聚类分析，可得到图5-1，新闻传播学教育研究前沿的突现词聚类图谱中有节点459个，连线1052条。图中的聚类标签来自于施引文献，是施引文献的文章标题、摘要及关键词部分，使用Term分析比单独使用关键词分析更能深入到文本内容，反映出来的信息也更全面。施引文献的标题内容显示了突现词的研究领域和代表文献。图中的多边形表示了聚类的边界，节点的半径正比于该节点突现词的被引频次，颜色从冷色调到暖色调的变化表示时间从早期到近期的变化。图5-2的数据参数与图5-1是完全一致的，图中文字显示的是节点标签，表示新闻传播学教育研究前沿的领域。

由于图5-1中节点和连线都很多，为了更好地呈现新闻传播学教育研究前沿与主题领域，还统计了软件后台文件中有突现率数值的所有关键词如表5-1所示，但其中“新闻传播学教育”“传播学

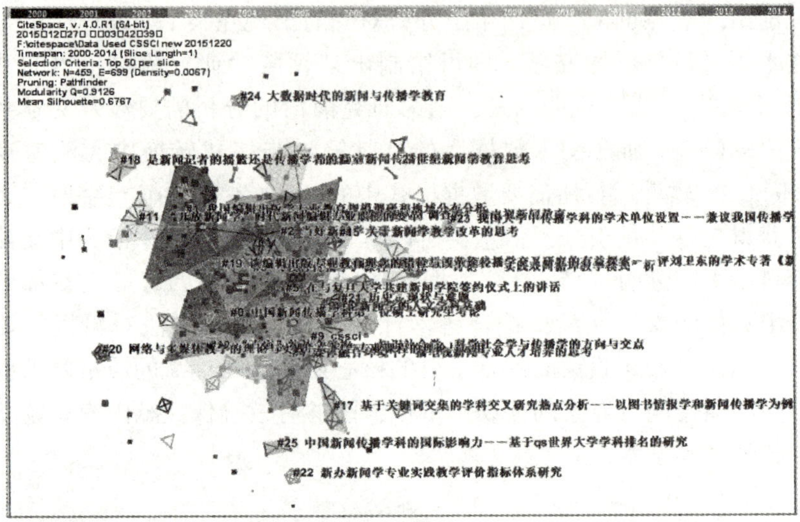

图 5-1　新闻传播学教育研究前沿的突现词聚类图谱 1

注：数据来源于 CSSCI 数据库，搜索篇名为新闻、传播、传媒、媒介、广电、广告、编辑出版、网络与新媒体、数字出版，并且关键词为教育的文献，时间为 2015 年 12 月 8 日，本研究中所有以 CSSCI 数据库为资料来源的研究都运用了相同的搜索标准。

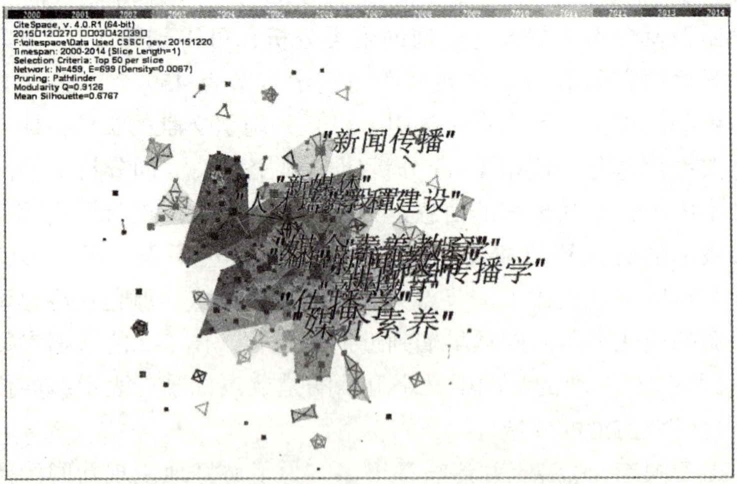

图 5-2　新闻传播学教育研究前沿的突现词聚类图谱 2

研究”等词的指向性过于宽泛，并不适合作为研究前沿来处理，所以在下文中将不予分析。从表 5-1 可以看到，排在高突现率前几位的是媒介素养教育、新媒体、学科建设、编辑出版专业、媒介融合、新闻事业、课程设置、全球化、传播心理学等。

表 5-1　**新闻传播学教育研究的高突现率关键词列表（2000—2014）**

Freq.	Burst	Keyword	Freq.	Burst	Keyword
269	14.24	媒介素养	10	3.71	新闻写作
53	12.84	新媒体	29	3.68	教学改革
82	7.48	学科建设	25	3.67	新闻教学
60	7.05	编辑出版专业	14	3.48	网络传播
45	6.37	媒介融合	7	3.47	网络新闻
20	5.34	新闻事业	8	3.27	数字出版
50	5.23	课程设置	8	3.2	复合型人才
15	5.15	全球化	6	3.14	媒介研究
22	4.96	传播心理学	22	3.12	教育模式
20	4.93	新闻史	22	3.12	教学模式
42	4.55	传播学研究	8	3.11	批判研究
14	4.45	全媒体	13	3.09	学术期刊
50	4.11	高等教育	8	3.09	网络新闻学
25	4.09	研究方法	16	3.03	教育传播学
18	3.98	实践教学	5	3.01	网络媒体
30	3.89	教育改革	8	2.93	网络时代
11	3.81	微博	10	2.88	教学内容
18	3.8	新闻专业主义	6	2.88	地方高校
25	3.73	研究生教育	36	2.77	广告教育

所有具有突现值的关键词涉及的领域有如下几类：

（1）高等教育研究范畴所涵盖的课程与教学研究，如学科建设、课程设置、教学改革、教学模式等，这是新闻传播学作为我国高等教育中的一个独立学科必须关注的基础领域，解决的是学科发展宏观方向的大问题。

（2）新闻传播学科专业学生培养与建设，如编辑出版专业、研究生教育、复合型人才、广告教育、教育模式、教学内容、地方高校新闻传播学专业发展等，这是该学科教育研究的中观层面。

（3）新闻传播学专业学术与科学研究，如媒介素养、媒介融合、新闻事业、全球化、传播心理学、传播学研究、全媒体、新闻史、新闻专业主义、研究方法等，这些关键词涉及的领域是学科教育中最为具体的微观知识理论体系。

第二节　新闻传播学教育研究前沿主题分析

根据 CiteSpace 软件探测的突现关键词及其被引历史曲线，结合二次文献检索方法对文献进行内容分析，本节内容将对 2000—2014 年新闻传播学教育研究主要的前沿主题进行分析。

一、渐弱趋势的前沿主题

（一）全球化与新闻传播学教育

结合表 5-1 和图 5-3 可见，“全球化”的突现率是 5.15，2004 年出现 6 次，2005 年出现 4 次，2009 年出现 5 次，随后 6 年都未再出现过突现。韩炼认为 20 世纪 90 年代后，越来越多的国家开始关注全球化对社会文化、政治、教育等领域的影响，面对 WTO 带来的机遇与挑战，新闻教育有必须与国际接轨的现实诉求，必须实现教育观的现代化，并且需要将现代化的教育观体现在新闻教育理念、学科教育体制、专业教学内容等方面，这意味着具有中国民族特色的新闻人才需要具备全球眼光，拥有敢于竞争的意识，并掌握国际管理运行规则和法律①。经过几年的具体观察后，杨璐对新闻传播学高等教育实践进行了审视，她认为全球化对于社会经济、文化和科学技术等方面都有影响。在这种环境下，目前新闻传播类高校的学科体系构成和专业课程设置与传媒组织的实际需求之间有很多不适应的地方，因此新闻传播学教育必须提出新的人才培养策略②。之后社会发展出现新的趋向，即“数字化”的挑战和“媒介融合”的发展成为不同面向的新闻传播教育改革共享的理论资源与实践导向，使得“全球化”作为新闻传播学教育研究中独立议题的价值渐弱。

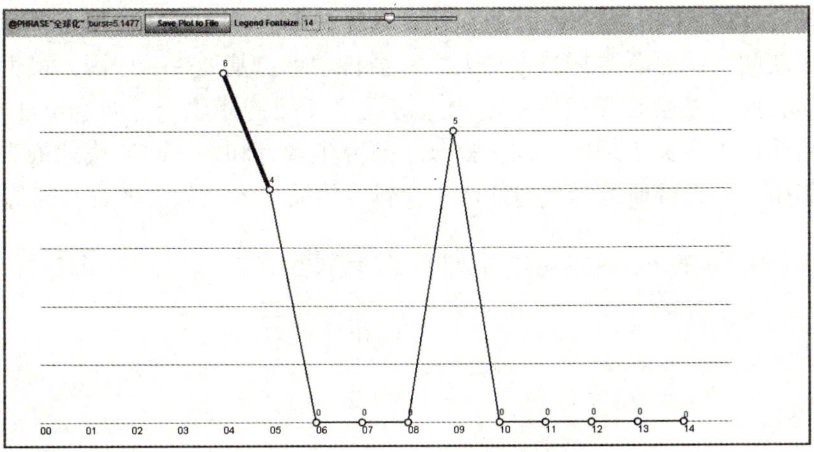

图 5-3　“全球化”突现历史曲线

（二）新闻传播学研究生教育

结合表 5-1 和图 5-4 可见，“研究生”的突现率是 3.73，从

① 韩炼. 面向全球化的中国新闻教育改革［J］. 现代传播：北京广播学院学报，2004（2）：100-102.

② 杨璐. 论全球化背景下的新闻传播高等教育［J］. 新闻界，2009（6）：179-181.

2000 年到 2009 年间，除了 2003 年之外每年都有出现，在 2009 年达到峰值，随后 6 年渐弱。研究生教育是高等教育中的一个层次，新闻传播学科的研究生教育一直是该学科发展中的必要环节，所以在该学科成为国家高等教育一级学科的前几年，围绕研究生教育的讨论也一直未断。2006 年，由教育部新闻学科教学指导委员会在复旦大学召开的“中国社会与中国新闻传播教育”高层圆桌会议，针对我国新闻传播学科研究生教育的现状、问题和对策进行了学术交流和讨论。2009 年，教育部加快发展全日制硕士专业学位研究生教育、转变研究生目标定位和人才培养模式的新政出台，研究生教育问题又变成国内高校学界关注的一个焦点，为争取获准设置新闻传播硕士专业学位，拓宽应用型高层次专门人才的培养渠道，国家新闻出版总署委托教育部人文社会科学重点基地——中国人民大学新闻与社会发展研究中心牵头对设置新闻传播硕士专业学论证，由此产生了关于国内新闻传播硕士研究生教育和人才培养模式最为集中的专题性研究①。刘洁认为，新闻传播学专业硕士教育对高等

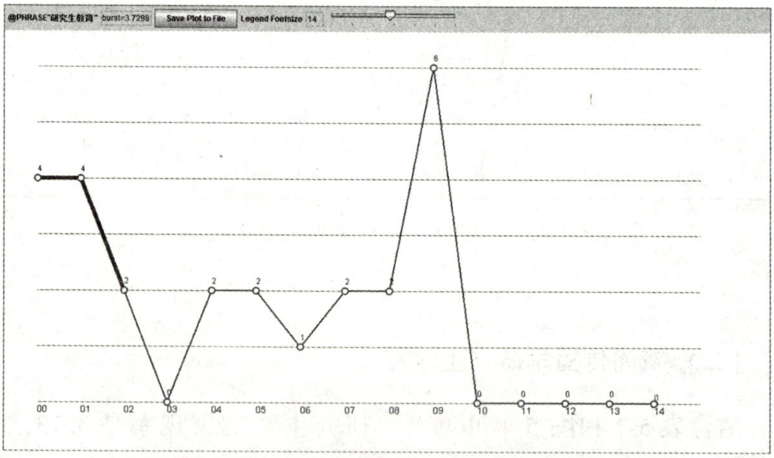

图 5-4　“研究生教育”突现历史曲线

① 曾建雄，曾俊，邓文艳. 新闻传播类硕士研究生教育的危机与转机——关于变革国内研究生人才培养模式的深层思考［J］. 现代传播：中国传媒大学学报，2010（3）：122-128.

教育界和新闻传播业界都有深远影响。对教育界而言，专业硕士的授课教师来自于实践领域的优秀业务精英；对业界传媒类工作者而言，意味着一种与实践工作和需求更加契合的专业教育机会。专业硕士的设立实现了在教育制度上新闻传播学教育领域和传媒业界真正的融合①。此后，我国的新闻传播学研究生教育进入稳定发展期，未出现大的革新，所以相关研究文献虽然每年都有，但再未形成突然涌现的状态。但未来随着国内高等教育政策的变化，研究生教育可能还会有新的议题。

二、渐强趋势的前沿主题

（一）媒介素养研究

结合表 5-1 和图 5-5 可见，“媒介素养”的突现率是 14.24，出现频次是 269，是 15 年中新闻传播学教育研究中突现率最高的领域。媒介素养是指在人们面对不同媒体的各种信息时所表现出的信息的选择能力、质疑能力、理解能力、评估能力、创造和生产能力以及思辨的反应能力。虽然每年的文献数量有起伏，但是从 2003 年到 2014 年媒介素养研究整体呈上升趋势。中国社会科学院新闻与传播研究所的宋小卫教授在 2000 年开始翻译加拿大、英国等国外媒介素养的研究理论，自此，媒介素养领域成为我国新闻传播学教育研究持续关注的主题。臧海群认为，媒介素养教育研究重点的新趋向是从专业教育转移到公共素质教育领域，这种转向不仅是传播科学发展的反映，也是信息社会的必然要求②。张毅和张志安在《美国媒介素养教育的特色与经验》一文中追溯媒介素养教育三大模式基础，并重点剖析美国媒介素养教育的特色以及经验，以期为

---

① 刘洁. 专业硕士：新闻传播学研究生教育大变局［J］. 新闻前哨，2010（10）：14.

② 臧海群. 传播学教育新方向：从媒介研究到媒介素养［J］. 现代传播：北京广播学院学报，2003（6）：89-92.

中国媒介素养教育提供参考①。袁军提出中国媒介素养教育的研究具有三个特殊的背景，即大众传媒的兴起及其在社会生活中的广泛使用、社会在国家现代化建设中的转型、全球范围内的信息革命导致了新的不平衡显现，这些都决定了中国的媒介素养教育在概念、内容、模式和途径上呈现出自身的特点②。随着研究的不断积累和深入，郑保章等对公开发表的2016篇媒介素养研究相关文献从年载文献量、核心刊物、研究内容和研究方法等角度进行了综合分析，试图对媒介素养研究的发展状况进行综合分析和探讨③。余秀才基于新媒体技术的影响而产生的新媒体素养是和传统媒介素养完全不同的概念，其内涵发生了质的变化。如果缺乏新的媒介素养教育，则会让许多人面临信息侵权、解码偏见和媒介依存症等新媒体环境下产生的社会问题。因此新媒体教育的发展和人的素质提高都

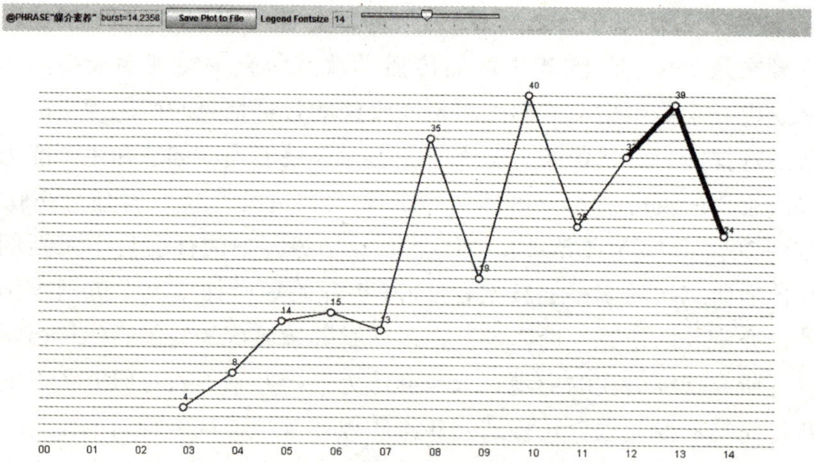

图 5-5　“媒介素养”现历史曲线

① 张毅，张志安. 美国媒介素养教育的特色与经验［J］. 新闻记者，2007（10）：66-69.

② 袁军. 媒介素养教育的世界视野与中国模式［J］. 国际新闻界，2010（5）：23-29.

③ 郑保章，吴静静，王一茹. 媒介素养研究：从内容到方法——以2008至2012年为例［J］. 编辑之友，2013（8）：55-58.

需要对新媒体教育进行革新，需要建构一体化的社会教育体系，即将家庭、学校、政府与其他机构组织融合到一起来，实现快乐教育和终身教育的发展目标①。因为媒介本身会随着社会和传播技术的发展而不断革新，所以媒介素养在新闻传播学教育领域中还会持续受到关注，只要有新的变革因素产生，这个研究领域就会出现新的关注点。

（二）新媒体研究

结合表5-1和图5-6可见，“新媒体”的突现率是12.84，出现频次是53，是15年中新闻传播学教育研究中突现率第二高的领域。新媒体在新闻传播学教育领域受到的关注是因为新闻传播学科“天然”对传播技术、媒介革新的敏感性和重视，近年来新媒体在传播业界的繁荣也使得教育学界对其研究进一步加强。李明海和赖黎捷认为职业传媒人在媒介融合背景下面临着更多的专业素养和技能要求，相对应的是传媒教育需要适应媒介环境的挑战进行改革，让学生培养模式及时转型以适应新媒体环境的需要。蔡雯与翁之颢②以传统媒介组织和机构的新媒体人才的需求为关注点，搜集了这类机构发布的新媒体人才招聘资讯，并对其内容做了详细分析以得出传媒人才需求的变化和趋势，其研究结果提出高等新闻传播学教育必须依照人才市场的变化进行教育变革，才能适应新媒体环境下人才的专业技术涵养和心理素质等新要求。还有学者把视角放在国外的新媒体教育研究上，例如，邵国松在研究美国新媒体教育的理论和实践的基础上，提出“我国的新闻教育必须转型，要充分考虑媒介融合的趋势，关键问题是思维训练和技能训练并重，根据自身情况采取多样化的思维、技能并重模式，注重新媒体教育的独

① 余秀才. 新媒体语境下新闻传播教育面临的困境与革新［J］. 新闻大学，2015（4）：133-139.

② 蔡雯，翁之颢. 传统媒体新媒体岗位人才需求新变化［J］. 中国记者，2014（8）：1.

特性”①。新媒体是一个相对性的概念，它的界定和内涵会随着传播技术和社会的发展而更新，由此可推测，未来关于新媒体领域的研究也会成为新闻传播学教育研究的一个持续“涌动点”。

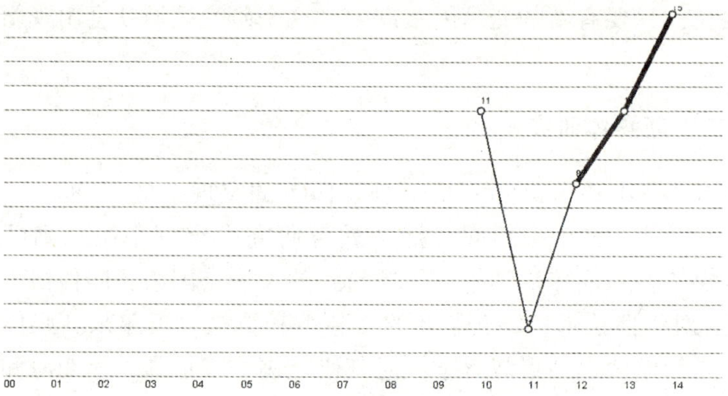

图 5-6　“新媒体”突现历史曲线

三、稳定趋势的前沿主题

结合表 5-1 和图 5-7～图 5-10 可见，学科建设、教学改革、实践教学、课程设置的突现率分别是 7. 48、3. 67、3. 97、5. 23，从曲线走势可看出，虽然年份之间走势有波动，但是总体而言，这些关键词所涉及的研究领域在整体 15 年的研究中一直保持着相对稳定的状态。

以学科建设为例，新闻传播学教育的学科内容在 20 世纪 90 年代快速扩张，这与当时的宏观社会环境有密切关系。1998 年教育部修订了本科专业目录，新闻传播学的本科专业由原来的 9 个减少到 4 个，即：新闻学、广播电视新闻学、广告学、编辑出版学，新

① 邵国松. 训练思维还是训练技能？美国新媒体教育的理论和实践［J］. 新闻大学，2014（6）：124-129.

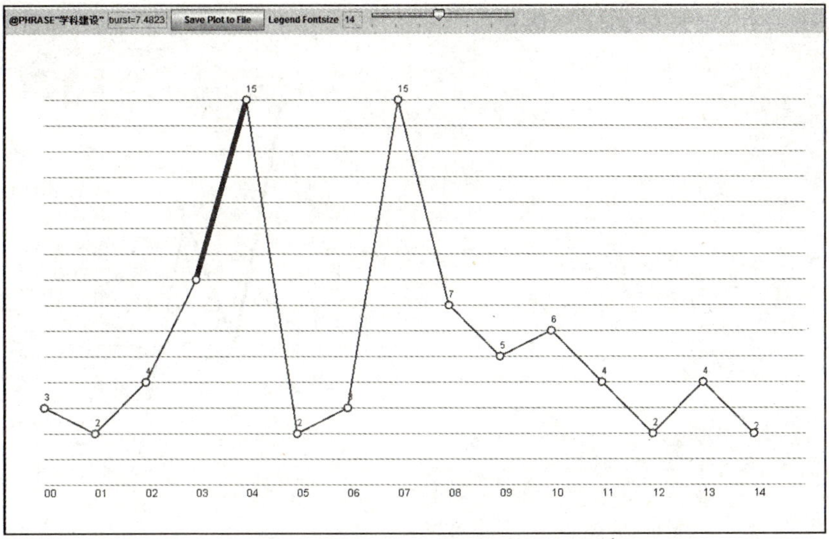

图 5-7　“学科建设”突现历史曲线

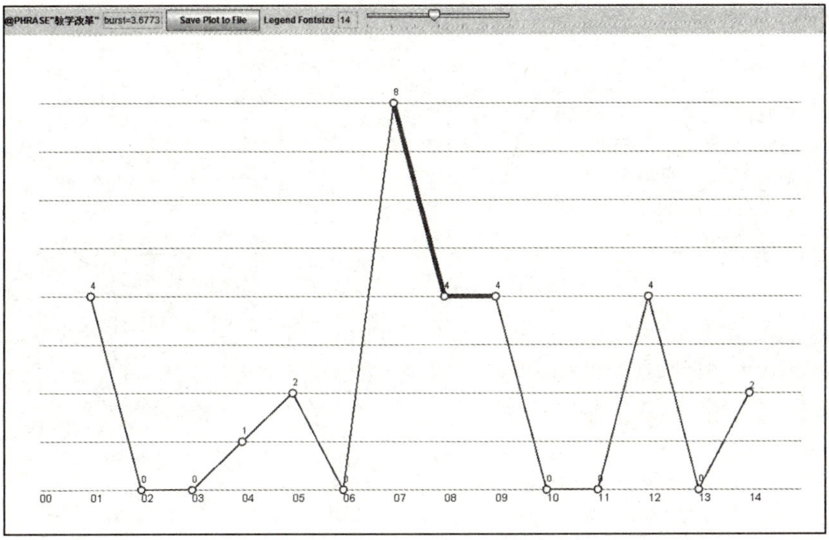

图 5-8　“教学改革”突现历史曲线

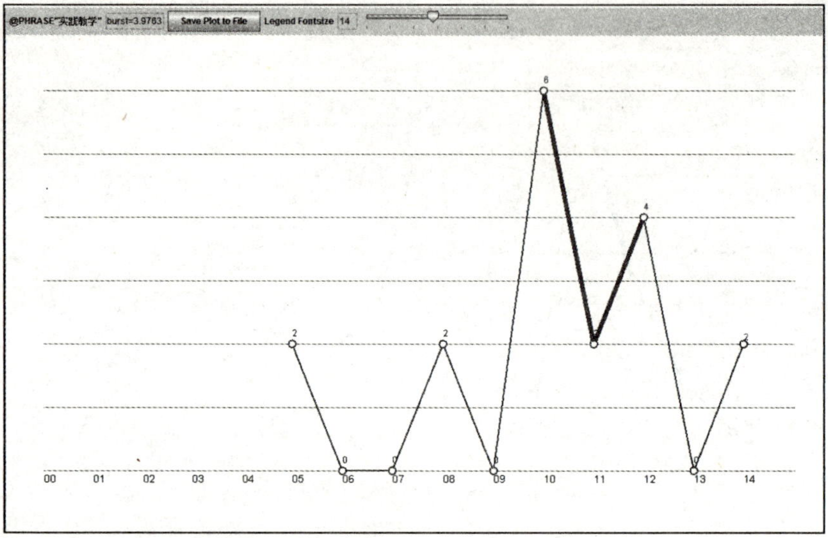

图 5-9　“实践教学”突现历史曲线

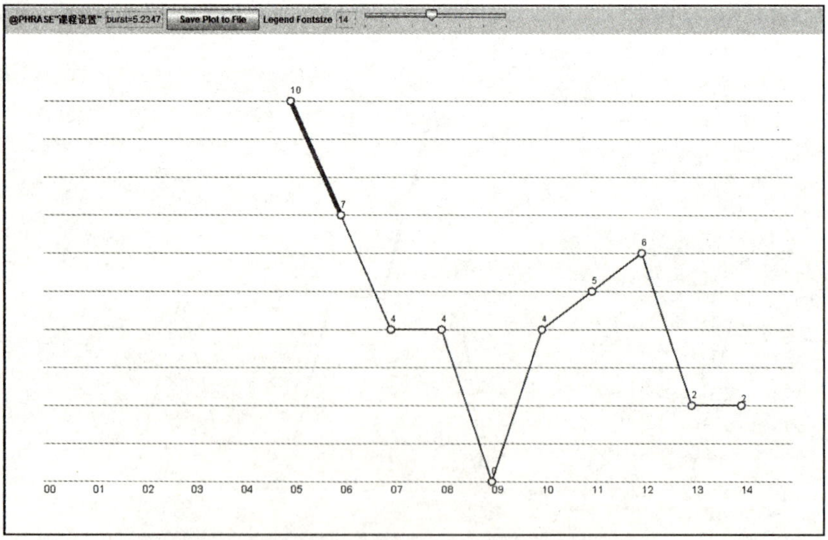

图 5-10　“课程设置”突现历史曲线

闻传播类院校在修订教学计划时基本上把复合型、创新型的高级专门人才作为培养目标，并且贯彻了宽口径、厚基础、高素质、强能力的教育思想。

在此背景和指导思路下，学者董天策提出了“本科教育的横向水平复合”和“研究生教育的垂直水平复合”模式，这两个模式也是新闻传播学教育“复合型人才培养”模式。对新闻传播复合型人才培养形成正确的理念，才能去积极探索新闻传播复合型人才培养的可行模式，而要探索新闻传播复合型人才培养的可行模式，又需要全方位的教育教学改革，新闻传播复合人才培养，本身又是教育教学改革的重要组成部分①。由此可见，新闻传播学科的建设与人才培养、教学改革、课程设置等环节是密不可分的。除了对学科整体全域性的思考，地方新闻传播学院校建设也是学者关注的焦点之一，因为重点院校与学生毕竟在整个学科中只是少数。杨丽与周世群认为注重媒介的“多媒体性”在学生培养内容中是极其重要的内容，因此要对实践性课程内容进行修订和调整，同时加强理论知识和专业素养的提升，这样才能在人才质量上体现地方高校的竞争力。

伴随着全社会的信息化进程，新闻传播学科也进行了新的调整、突破与转向，从局限于新闻学范畴的研究走向到包含新闻学和传播学的大融合方向②。学者李良荣认为 1978—1992 年间，中国新闻传播学基本框架是“小新闻”取向，即新闻学理论的教育和科研是当时学科的主要内容，包括四大新闻业务和媒体管理等；而“大传播”的意思是指新闻传播学科研究突破以新闻学理论和业务为主的框架，将视野从媒介转移到更广阔的领域，即突破诸如受众研究、效果研究等大众传播领域的焦点，在更广泛的视角探索传播

① 董天策. 新闻传播复合型人才培养随想［J］. 国际新闻界，2003（6）：77-80.

② 杨丽，周世群. 地方高校新闻学、传播学学科建设与人才培养［J］. 新闻界，2007（5）：169-170.

信息与社会治理、全球治理等宏观关系的研究①。发展至今，新闻传播学科建设一直在创新，学者谭天提出“新闻传播学重建需要范式转换，需要三大学科集群的支持，一个是传播学科群（包括传播学、新闻学、社会学、心理学、政治学等），一个是传媒经济学科群（包括经济学、管理学、市场营销等），一个是信息科学技术群（包括统计学、信息技术、数据挖掘、视觉设计等）②。

再以实践教学为例，因为新闻传播学科的实践性特别强，所以学科教育研究前沿在这个领域有稳定的关注度和研究投入。邢雪在《新闻传播专业实践教学方式探析》一文中认为，目前中国的新闻与传播教学中的实践环节仍有许多不足，对比新闻传播业界的发展状况，目前新闻传播学的实践教学存在实践与理论课程设置比例、教育实践教学方式、实践教学活动规模等问题，这些问题造成了新闻传播学业界需求与教育界人才培养方向之间的偏差。她建议建设“MIE 工程”（Mass Media in Education），将整个新闻传播专业打造成一个模拟的“编辑部”或“演播室”，把媒介环境的现状在校园中模拟出来，建设一套完整的符合媒介组织内容制作和市场规律的小组织机构，让校园内的模拟媒介和现实的市场媒介情景密切联系，让教师对学生的教学变成实际媒介市场中的运作，让学生在校园内即可体验新闻实践活动，提前做好学生到媒介工作者的身份和技能转换③。邢若南和袁玖根则关注了新媒体形式在实践教学中的运用，他们提出博客（BLOG）的兴起给个人学习、学校教学带来了新的思路，在新闻传播实践教学中新媒体博客有着积极的作用，使用博客教学可以丰富实践教学的原有形式，让学生的视野得到扩

① 李良荣，张华. 从“小新闻”走向“大传播”——新闻传播学学科建设和科研的新取向［J］. 现代传播：中国传媒大学学报，2013，35（8）：34-38.

② 谭天. 从“新闻学与传播学”到“传播学与传媒学”［J］. 新闻记者，2015（12）.

③ 邢雪. 新闻传播专业实践教学方式探析［J］. 新闻窗，2010（6）：117-118.

展，很多之前从未在理论课上呈现的知识都可以在博客平台上让学生接触和获得。如果对博客参与到教学之中的运用方式和效果进行完善和革新，这种教学方法在新闻传播学实践教学中可发挥更大的作用①。

可见新闻传播学教育中的实践教学改革的动力之一就是媒介技术的发展。刘昊提出媒介融合是经济的融合、文化的融合和全球的融合。媒介融合对媒体人才培养特别是实践教学提出了较高的要求，因此新闻传播学教学实践探索创新之路应该尝试培养跨学科的网络传播人才，这需要教育工作者同时注重培养学生的多种媒体实践能力和理论学习的提高，还要注重实践教学方法的研究，充分利用高校自建的校园电视台、报纸、广播电台来实现对学生专业能力的培养。此外，还要尽量弱化考试的观念，把重点放在检验实践能力上，力争培养"一专多能"的复合型人才，即精通某一类媒介的同时掌握多种媒介的功能②。

第三节　综合讨论

在通过对2000—2014年中国新闻传播学教育研究前沿进行分析的基础上，本节将梳理15年来该学科研究前沿演进的情况并做讨论。

一、新闻传播学教育研究前沿主题分析

（一）学科理论前沿的探索与重建

新闻传播学的理论核心由新闻学研究中的政治宣传工具转向信息科学研究中的信息传播通道及社会关系的互动。新闻传播学受媒

① 邢若南，袁玖根. 博客与新闻传播专业的实践教学［J］. 新闻爱好者月刊，2011（8）：92-93.

② 刘昊. 面向媒介融合的网络传播专业实践教学体系探析［J］. 新闻知识，2011（8）：76-78.

介技术发展和社会环境变迁的双重影响，学科教育的内容和专业划分都不可能停滞在固有现状上，其内容必然会与诸如社会学、经济学、社会心理学、政治学、哲学等人文社会科学出现交叉融合，而技术的影响会使诸如信息技术等自然科学学科也密切联系。正是在这种趋势下，新闻传播学教育研究的前沿一直聚焦在学科建设、教学改革等方面，并在关注人的信息使用与社会化的角度衍生出媒介素养主题，在关注传播现象和媒介发展的基础上衍生出传播心理学、网络传播学等理论教育前沿。

（二）专业设置和人才培养定位的跨学科融合

不断涌现的新媒体及其媒体技术的差异，使新闻传播学教育有了划分专业的理论和现实根据。全媒体化要求学科教育在教学理念上有所革新，在立足专业的基础上，将有关知识“建构”到学生的知识体系中，因而从2010年前后开始，媒介融合、新媒体、全媒体等成为新闻传播学教育研究前沿随着传播技术而不断更新的主题。

（三）教师专题研究匮乏

教师是一个学科课程实施的主体，是课程改革的重要参与者，也是课程教学的实践者和最终效果的决定因素之一。但是，目前中国新闻传播学教育研究前沿领域中对于教师的研究相当之少，已有的新闻传播学教师研究多散落于其他主题的文献中，如作为教学改革的一个构成部分而存在。在本研究的文献搜索中，以CNKI数据库为例，篇名中含有“教师”或者“导师”“师资”的文献总数不超过20篇，其中还包括了一些名师的人物专访，可见该学科教育研究前沿领域中教师专题研究几乎是一片空白，所以教师这个研究领域有着亟待深入挖掘的空间和问题。造成这个问题的原因和新闻传播学教育师资失衡有关系，受新闻传播学学科建制的影响，中国多数新闻传播学院内部的师资结构，仍然以传统的中文、新闻专业背景为主，系统接受过传播学教育并取得博士学位的师资不多，所以在学科师资数量问题都未有效解决的情况下，更难有质的思考和研究。

二、新闻传播学教育研究前沿演进的特点

（一）研究前沿演进具有时代性

在媒介技术环境变化影响下，新闻传播学科教育中不变的是媒介伦理和价值观教育，随时代不断变化的是教育理念、课程内容、培养模式等，诸如“全球化与新闻传播学教育”“新媒体研究”等研究前沿的出现无一不与时代背景相关。再如“公共传播”这个新闻传播学学科整合和教育改革新范式的提出，也是顺应了媒介融合这个最新的时代语境，即在网络化社会关系兴起的条件下，新闻传播教育的整体范式需要从面向“新闻传播”转向“公共传播”①。

（二）研究前沿与研究热点有交叉融合的特征

结合第四章与本章的内容可以发现，学者研究关注度高的热点领域，容易聚集集体智慧发现问题并创造新知识。如 2000 年开始出现的研究热点“媒介素养”，经过多年的积累和发展，不断衍生、发展新的研究前沿如新媒体素养、国外媒介素养教育新发展等，而研究前沿也不断引领新的研究热点领域，两者相互影响、相互推进，共同促进新闻传播学教育研究的发展和创新。

（三）教育研究前沿视野缺乏本土创新

中国的新闻传播学是在引进西方理论的基础上逐渐发展起来的，研究传统或知识谱系尚处于形成过程中，这方面的资源相对有限。例如新闻传媒学教育研究中既持续研究热点，又在前沿领域不

① 张志安．从新闻传播到公共传播——关于新闻传播教育范式转型的思考［J］．暨南学报（哲学社会科学版），2016，38（3）：77-84.

断深入“媒介素养”的研究，其理论根源和研究态势的主导者都是欧美国家的学者。除了本国的新闻传播史和具体业务研究外，新闻传播学教育研究的前沿缺乏本土创新。只有拓宽学术视野，更多从本土问题本身的性质与论域出发，才能创造独立的学术范式。

第六章　中国新闻传播学教育研究知识基础的知识图谱

本章将运用知识图谱的理论和方法对 CSSCI 引文数据库中有关新闻传播学教育研究的作者、文献、期刊进行共被引分析，以期探讨中国新闻传播学教育研究的重要学术文献及其代表人物，以及该学科教育发展的动态演化过程、特点与理论基础。

共被引分析法探究的是：若文献具有高共被引平均值，则此文献或作者在其领域中会被赋予核心、重要的文献特性，其常用于描绘专业领域知识演进及历史发展等，有利于找到该学科的知识结构与变化。共被引分析法主要强调共同被引用的文献、作者或期刊之间的相似性。然而，作者与期刊的共被引分析法，主要假设是以个人及出版机构为基本单位的分析，倾向为独立的知识生产单位或个人，因此本研究借助文献共被引分析法作为补充。文献的数量与结构变化，在一定程度上反映了学科领域的兴衰起伏、分化渗透等趋势，如果定期分析这些关系网络方面的变化，就可以更加完整的了解整个学科领域。

知识基础（Intellective Base）是指含有研究前沿术语词汇的文献的引文，实际上它们反映的是研究前沿中的概念在科学文献中吸收利用知识的情况。对这些引文，也可以通过它们同时被其他论文引用的情况进行聚类分析，即同被引聚类分析，最后形成一组被研究前沿所引用的科学出版物的演进网络。一个学科的知识基础对应于研究前沿的所有前期文献集合，研究前沿和知识基础之间的关系本质上是对应的。本章和前一章采用相同的数据库，是因为文献共被引的研究需要数据格式中的 CR（参考文献）字段，而中文数据库资源中只有 CSSCI 具备完整的参考文献信息，本研究从 CSSCI 数据库获取相关有效参考文献 7249 条。

第一节　新闻传播学教育研究作者共被引分析

“Cited Author” 为 CiteSpace 软件的作者共被引分析功能。软件计算作者共被引时只考虑第一作者共被引的情况，并且同一作者在一篇文献中被引多次也按一次计算。通过利用 CiteSpace 软件在操作界面的参数设置上选择作者（Cited Author）作为网络节点类型（Node Types），每一年为一个区分，并且选择每一时间片段中出现频次最高的 50 个数据，即 Text N per slice 为 50，对文献进行作者共被引分析，得到了 488 个节点、1460 条连线，如图 6-1 所示的新闻传播学教育研究的作者共被引时区图谱。

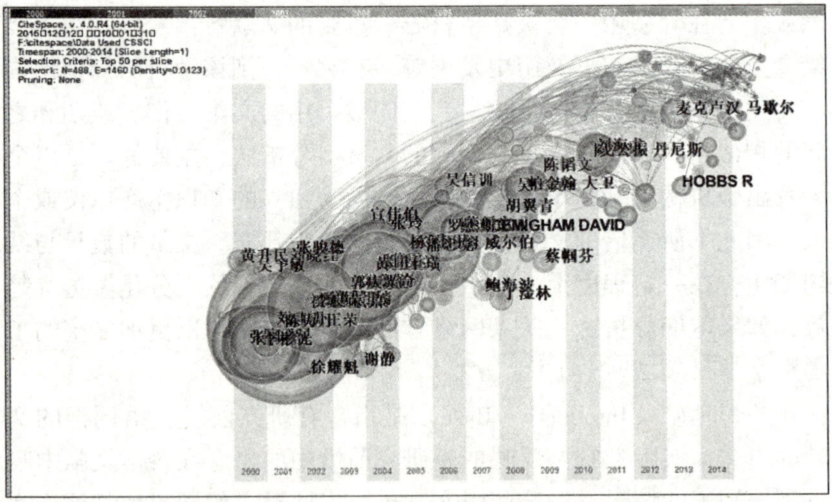

图 6-1　新闻传播学教育研究作者共被引时区聚类图谱（2000—2014）

图 6-1 中的每个节点代表一位被引作者（黑色字标明名称），节点大小表示作者出现的频次高低（节点越大，表示该作者被引频次越高），节点间连线表示作者间的共被引关系，作者共被引在时间维度上的演进以及互相影响关系代表了新闻传播学教育研究领

域作者共被引的整体情况。

为了准确反映新闻传播学教育研究领域核心作者的分布特征，本研究对 CiteSpace 运行后台数据进行分类统计。以作者被引频次（Freq. ≥16）和作者被引中心性（Cent. ≥0. 01）均列前 50 位为标准，得到如表 6-1 所示的高中心性被引作者列表，并通过二次搜索列出了这些作者的高被引文献。

表 6-1　**新闻传播学教育研究的高中心性被引作者列表**

Centrality	Author	高被引文献或专著
0. 17	李希光	是新闻记者的摇篮还是传播学者的温室？——21 世纪新闻学教育思考
0. 15	肖东发	中国编辑出版学教育的思考与探索
0. 13	童兵	21 世纪中国新闻传播教育发展趋势初探
0. 1	陈力丹	新闻传播学教育要适应新媒体的形势
0. 1	蔡雯	媒介融合前景下的新闻传播变革与新闻教育改革
0. 07	郑保卫	新闻≠传播≠媒体——对《新闻教育错在哪里》一文的思考与回应
0. 06	丁柏铨	论全球化背景下的中国新闻教育
0. 05	黄旦	媒介教育教什么？——20 世纪西方媒介素养理念的变迁
0. 05	李良荣	从“小新闻”走向“大传播”——新闻传播学学科建设和科研的新取向
0. 04	刘建明	媒介批评学的理论与视野
0. 04	宋小卫	西方学者论媒介素养教育
0. 04	董天策	新闻传播复合型人才培养随想
0. 03	段京肃	面向新世纪的新闻教育

续表

Centrality	Author	高被引文献或专著
0.03	吴廷俊	问题与成绩同行：1978—2008 中国新闻教育发展研究
0.02	张开	媒体素养教育在信息时代
0.02	张国良	中国新闻传播学科的国际影响力——基于 QS 世界大学学科排名的研究
0.02	陆晔	受众的媒介信息处理能力——中国公众媒介素养状况调查报告之一
0.02	杨保军	新世纪美国新闻学教育面临的挑战
0.01	邵培仁	论库利在传播研究史上的学术地位
0.01	胡翼青	中国新闻传播研究主体知识地图——基于 CSSCI 图书引文的分析
0.01	喻国明	当前中国传媒业发展客观趋势解读
0.01	孙旭培	我国传播学研究向何处去
0.01	杜骏飞	新闻传播教育的若干基本问题
0.01	帕金翰·大卫	媒体教育素养、学习与现代文化
0.01	陈卫星	跨文化传播的全球化背景
0.01	单波	媒介融合与新闻传播教育的“融合”

表 6-1 中的高被引作者及其文献在新闻传播学教育研究领域对学科教育的发展都产生了一定程度的影响，例如李希光在《是新闻记者的摇篮还是传播学者的温室？——21 世纪新闻学教育思考》一文中辨析了新闻学与传播学的不同，认为新闻学的基本价值观、批评精神、新闻采访报道技能与知识永远不会过时，新闻院系的教学，关键是教会学生们能够鉴赏什么样的新闻作品是伟大的作品，

什么样的记者是优秀的新闻工作者①。

童兵和高金萍在《21 世纪中国新闻传播教育发展趋势初探》一文中论述了21 世纪中国新闻传播教育的四个重要层次：坚持终身教育、扩大学校教育、完善精英教育、加强社会教育，提出新世纪中国新闻教育的目标在于逐步提高全民新闻素质和建立一支素质优良、数量充足、结构合理的新闻人才队伍。四个层次的教育密切结合、协调发展，力争在21 世纪中期彻底改变中国新闻教育滞后于新闻事业发展的局面②。

肖东发在《中国编辑出版学教育的思考与探索》一文中提出编辑出版专业必须根据大出版产业发展对人才的特殊需求，调整好专业结构和人才培养模式要深入研讨编辑出版专业及其涵盖专业方向的教学计划，以改革创新的精神建立21 世纪出版产业需求人才的教学新体系③。

丁柏铨在《论全球化背景下的中国新闻教育》中认为“入世”给我国新闻传播业带来的影响表现在如下方面：一是我国新闻传播业的生存环境发生了一定程度的变化。二是我国政府就相关产业作出承诺时，往往会对新闻传播业产生连带效应，涉及与新闻传播业有关的内容。在新的背景条件下，我国的新闻传媒要参与业内、业外的激烈竞争，以更好地生存和发展；与此同时，还要进一步拓展对外新闻传播。要实现上述目标，除了需要加大力度更新观念、改革体制和进行经济投入以外，尤为重要的是还要造就大批优秀新闻人才④。

刘建明在《媒介批评学的理论与视野》中提出媒介批评正在

---

① 李希光. 是新闻记者的摇篮还是传播学者的温室？——21 世纪新闻学教育思考［J］. 新闻记者，2001（1）：24-27.

② 童兵，高金萍. 21 世纪中国新闻传播教育发展趋势初探［J］. 湖南大学学报（社会科学版），2001，15（1）：112-115.

③ 肖东发. 中国编辑出版学教育的思考与探索［J］. 编辑之友，2003（1）：37-39.

④ 丁柏铨. 论全球化背景下的中国新闻教育［J］. 中国大学教学，2004（11）：27-30.

引起媒介从业人员和新闻传播学者的注意，一支媒介批评家的队伍正在聚集。媒介批评学引导人们科学地分析媒体活动，让受众正确理解媒介及其传播内容，导致媒介观念的彻底变革和新闻解释学的诞生①。

周葆华和陆晔在《受众的媒介信息处理能力——中国公众媒介素养状况调查报告》中第一次运用量化研究的方式全面考察目前中国公众媒介素养的基本状况，并探究其与公众人口特征、政治认知、媒介使用等因素之间的关系，为我国媒介素养教育提供有益的参考②。

蔡雯在《媒介融合前景下的新闻传播变革与新闻教育改革》中提出融合媒介后需要两类新型人才：一是能够在多媒体集团中进行整合传播策划的高层次管理人才，二是能够运用多种技术工具的全能型记者编辑。创建适应媒介融合发展需要的新闻人才培养模式需要在此基础上对教育模式和教学方案进行大胆改革，同时在实验中心的建设、教师团队的建设、教学管理的改进等其他方面作出努力③。

张开在《媒体素养教育在信息时代》一文中介绍了媒介素养教育的定义、国外发展概况等，从历史的纵向和发展的横向对媒体素养教育进行分析和介绍，并切合我国国情和现状，对该学科在我国发展的重要性以及必要性进行分析和评述④。

吴廷俊在《问题与成绩同行：1978—2008 中国新闻教育发展研究》一文中认为当代的新闻传播学教育如果无法应对社会的需求与挑战，也就丧失了其存在的合理性，新闻传播学作为应用型学

---

① 刘建明. 媒介批评学的理论与视野 [J]. 新闻与写作, 2008 (12): 31-33.

② 周葆华, 陆晔. 受众的媒介信息处理能力——中国公众媒介素养状况调查报告之一 [J]. 新闻记者, 2008 (4): 60-63.

③ 蔡雯. 媒介融合前景下的新闻传播变革——试论“融合新闻”及其挑战 [J]. 国际新闻界, 2006 (5): 31-35.

④ 张开. 媒体素养教育在信息时代 [J]. 现代传播: 北京广播学院学报, 2003 (1): 116-118.

科，其高等教育管理与评估的导向必须回归教育本位，在制度缺陷、资源匮乏的条件下，新闻传播学教育领域需要大力推行通识教育、实践化教学、研究性教学，并认为只有缩减规模、提高人才培养深度，才能摆脱目前低端化的现状①。

郑保卫在《新闻≠传播≠媒体——对〈新闻教育错在哪里〉一文的思考与回应》一文里强调新闻学是一门独立的社会科学，新闻教育应当重在培养学生的专业理念和职业素养，不能把新闻简单地等同于传播和媒体，不能把新闻学同广告学、传播学、公共关系学等相关学科相混淆②。

胡翼青在《中国新闻传播研究主体知识地图——基于 CSSCI 图书引文的分析》中通过 CSSCI 数据库，对 CSSCI 新闻传播类来源期刊中引用到的图书进行专门的量化分析，试图以这种方式从一个侧面构建出新闻传播研究知识主体的知识地图③。

在高被引频次排名前 50 位的作者中共有 5 位外国作者，他们是埃弗雷特·罗杰斯、威尔伯·施拉姆、麦克卢汉、大卫帕·金翰和丹尼斯·麦奎尔。美国著名的传播学者埃弗雷特·罗杰斯的高被引文献是《传播学史：一种传记式的方法》，他通过传记式的编写和独特的视角，介绍了传播学史上的众多人物与机构以及若干学科的知识背景，并以此表明，传播研究如何富有意义地影响了社会学、政治学和心理学等学科。施拉姆也是美国著名的传播学者，1949 年他编撰的《大众传播学》成为其创立传播学的标志，这本书收录了政治学家、心理学家、社会学家、语言学家以及许多其他学科的专家对传播学的研究成果。马歇尔·麦克卢汉是加拿大传播学者，他的成名作《理解媒介——论人的延伸》问世之后，在整个西方乃至全世界引起了强烈的冲击，麦克卢汉的媒介观、传播

① 吴廷俊. 问题与成绩同行：1978—2008 中国新闻教育发展研究［J］. 新闻大学，2009（2）：33-42.

② 郑保卫. 新闻≠传播≠媒体——对《新闻教育错在哪里》一文的思考与回应［J］. 国际新闻界，2002（5）：32-36.

③ 胡翼青. 中国新闻传播研究主体知识地图——基于 CSSCI 图书引文的分析［J］. 中国出版，2013（19）：46-51.

观、社会观等在当时引起了广泛的关注。丹尼斯·麦奎尔是英国传播学家，荷兰阿姆斯特丹大学传播学终身教授，《欧洲传播学杂志》三位创始人之一，其著作《传播学》《媒介行为》《受众分析》《大众传播理论》广泛涉及传播研究的诸多领域。

第二节　新闻传播学教育研究文献共被引分析

当两篇（或多篇）文献同时被别的文献所引用时，则称该两篇（或多篇）文献为“共被引”，经常一起被引用的文献，其在研究主题的概念、理论或方法是相关的，文献共同被引用的次数越多，其关系就越密切，“距离”就越近①。利用 CiteSpace 软件在操作界面的参数设置上选择文献（Cited Reference）作为网络节点类型（Node Types），每一年为一个区分，并且选择每一时间片段中出现频次最高的 50 个数据，即 Text N per slice 为 50，对文献进行文献共被引分析，得到了 704 个节点、1472 条连线，如图 6-2 所示。

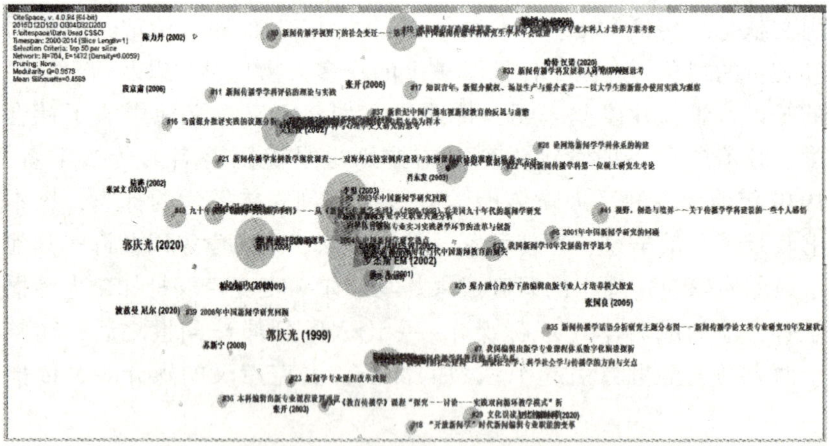

图 6-2　新闻传播学教育研究的文献共被引知识图谱 1

① 黄维，陈勇. 我国教育经济学研究的知识图谱——基于 2000—2008 年文献共被引分析［J］. 高教发展与评估，2010，26（6）：87-95.

图中黑色字标明的节点是高被引文献的作者和文献出版时间（有些出版时间为2020年，是由于CSSCI数据库数据输出时自动生成的时间字段有遗漏，所以在图谱中软件把这些时间段自动标注为2020），有#号标记的字体表示的是施引文献形成的聚类名称（以施引文献注明），节点越大表示被引频次越大。由于节点和连线较多，为了更好地反映高被引文献所揭示的知识基础，我们把聚类名称换为施引文献的Term聚类，绘制成相同数据的另一种聚类标签显示的文献共被引知识图谱，如图6-3所示。

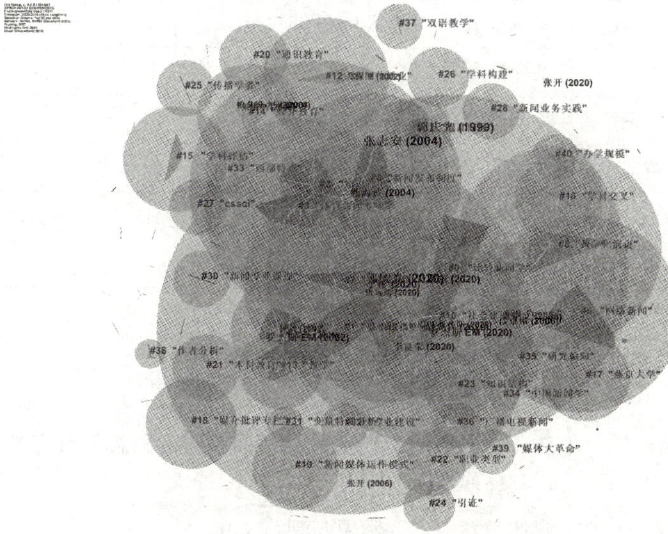

图6-3　新闻传播学教育研究的文献共被引知识图谱2

图6-3中的聚类标签清晰显示了施引文献Term共现后所代表的知识领域，主要涉及比较新闻学、传播学、数字出版、新闻学研究、学科评估、体育新闻专业等。为了准确反映新闻传播学教育研究领域高被引文献特征，本研究对CiteSpace运行后台数据进行分类统计。以作者被引频次（Freq. ≥6）为标准，选取了排列在前20位的文献，得到如表6-2所示的高被引文献列表。

表 6-2　　　　新闻传播学教育研究的高被引文献列表

Freq.	Author	高被引文献或专著
19	郭庆光	传播学教程
19	张志安	媒介素养：一个亟待重视的全民教育课题——对中国媒介素养研究的回顾和简评
11	李彬	传播学引论
11	埃弗雷特·罗杰斯	传播学史：一种传统式的方法
10	胡翼青	传播学：学科危机与范式革命
10	麦克卢汉	理解媒介——论人的延伸
10	鲍海波	象牙塔里看媒介——西安大学生媒介素养现状调查
9	李良荣	新闻学概论
8	陈韬文	中国传播研究的发展困局：为什么与怎么办
8	段京肃	新闻学与传播学学术期刊影响力研究报告（2000—2004）——基于 CSSCI 的分析
8	宋小卫	西方学者论媒介素养教育
8	张开	媒介素养概论
7	钟新	国外知名新闻传播教育学者专访系列（之一）英国：新闻学与传播学严格分界——专访英国新闻教育学会会长罗德·艾伦
7	帕金翰·大卫	媒体教育素养、学习与现代文化
7	唐远清	对“新闻无学论”的辨析及反思——兼论新闻学学科体系建构和学科发展
7	李希光	是新闻记者的摇篮还是传播学者的温室？——21 世纪新闻学教育思考
7	宋小卫	学会解读大众传播——国外媒介素养教育概述
7	郑保卫	新闻≠传播≠媒体——对《新闻教育错在哪里》一文的思考与回应
7	托马斯·库恩	科学革命的结构
7	张国良	中国传播学的兴起、发展与趋势

中国人民大学郭庆光教授的《传播学教程》运用国内外传播学研究的最新成果，结合新媒介技术的发展，用系统化的理论和清晰的概念分析了信息传播现象，进而对人内传播、人际传播、群体传播、组织传播、大众传播以及国际传播与全球传播领域中的主要理论问题进行较为全面的阐述、分析和梳理。

张志安和沈国麟在《媒介素养：一个亟待重视的全民教育课题——对中国媒介素养研究的回顾和简评》一文中认为，中国媒介素养和媒介素养教育的研究现状和特点，可以概括为以下几点：研究时间短、成果少，尚未引起充分、广泛的重视，对其研究尚处于“定性分析多、定量调查少，媒介素养状况值得认真调研”阶段，至今应用仅限于理论研究和介绍，媒介素养教育缺乏有效实践①。

段京肃和任亚肃的《新闻学与传播学学术期刊影响力研究报告（2000—2004）——基于 CSSCI 的分析》一文，利用 CSSCI 对我国新闻学与传播学领域学术期刊的状况进行了多角度、较为全面的分析评价，给出了对我国新闻学与传播学研究领域有较大影响的学术期刊五年间发表学术论文的原始数据。通过对这些期刊所发表论文情况的研究，可以在一定程度上了解我国新闻学与传播学研究的全面情况，并基于相关数据的分析探索我国新闻学与传播学期刊在学术研究中的地位和存在的问题，进而探讨其发展规律和未来的发展趋势②。

钟新的《国外知名新闻传播教育学者专访系列（之一）英国：新闻学与传播学严格分界——专访英国新闻教育学会会长罗德·艾伦》，介绍了英国新闻传播学学科设置、课程设置、师资配置、实验设备、学生培养方向、新闻传播教育体系等特点，以期借鉴发达

① 张志安，沈国麟. 媒介素养：一个亟待重视的全民教育课题——对中国大陆媒介素养研究的回顾和简评［J］. 新闻记者，2004（5）：11-13.

② 段京肃，任亚肃. 新闻学与传播学学术期刊影响力研究报告（2000—2004）——基于 CSSCI 的分析［J］. 现代传播（中国传媒大学学报），2006，2006（5）：36-44.

国家已有的办学经验和教育思路①。

复旦大学李良荣教授的《新闻学概论》着重总结和阐述人类新闻活动，主要是新闻事业的基本规律即新闻学的基本概念和知识，是新闻历史、新闻理论和新闻业务各个领域的知识基础。

胡翼青是南京大学新闻传播学院的教授，其著作《传播学：学科危机与范式革命》在全面反思传播学近百年来学科发展历程的基础上，对许多传统乃至权威的观点提出质疑，进而探索出信息时代传播学研究的核心范式和学科框架。

大卫·帕金翰是英国著名的媒介素养教育专家，也是世界公认的媒介素养教育理论专家，从20世纪70年代起就开始在媒介素养教育领域进行研究与实践，单独或与他人合著过20多本著作，170多篇论文和课本内容。

托马斯·库恩是美国科学史家，科学哲学中的历史主义创始人，《科学革命的结构》是20世纪学术史上最有影响的著作之一，其影响不仅仅限于科学史、科学哲学、科学社会学等相关领域，而且延伸到社会学、文化人类学、文学史、艺术史、政治史，其“范式理论”提出科学发展的本质是常规科学与科学革命、积累范式与变革范式的交替运动过程。

复旦大学教授张国良在《中国传播学的兴起、发展与趋势》指出“中国传播学”，即在中国生长、发展的传播学，起步于20世纪50年代中期，发展于20世纪80—90年代，经历了1978—1985年、1986—1991年、1992年至今三个发展阶段。其研究的主要路径包括两种：一种是以传统的视角展开的本土化研究；另一种则是借鉴世界前沿的传播学理论和方法，努力摸索本土传播学研究的特色，展望中国传播学科的未来②。

---

① 钟新. 国外知名新闻传播教育学者专访系列（之一）英国：新闻学与传播学严格分界——专访英国新闻教育学会会长罗德·艾伦［J］. 国际新闻界，2002（5）：37-40.

② 张国良. 中国传播学的兴起、发展与趋势［J］. 理论月刊，2005（11）：5-10.

第三节 新闻传播学教育研究期刊共被引分析

期刊共被引是指两本期刊同时被同一篇文献引用的现象，期刊共被引所反映的是各类期刊及学科间的关联性，通过期刊共被引可以获得分析新闻传播学教育研究的知识基础分布。利用 CiteSpace 软件在操作界面的参数设置上选择文献（Cited Journal）作为网络节点类型（Node Types），每一年为一个区分，并且选择每一时间片段中出现频次最高的 50 个数据，即 Text N per slice 为 50，对文献进行文献共被引分析，得到了 312 个节点、1761 条连线，如图 6-4 所示。图中黑色字标明的节点是高被引期刊，有#号标记的字体表示的是施引文献形成的聚类名称（以施引文献注明），节点越大，表示被引频次越大。

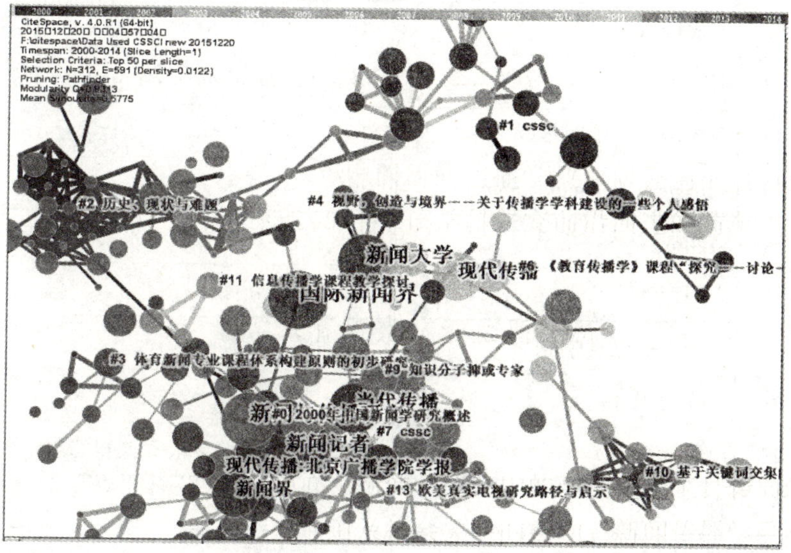

图 6-4 新闻传播学教育研究的期刊共被引知识图谱

为了准确反映新闻传播学教育研究领域高被引期刊特征，本研究对 CiteSpace 运行后台数据进行分类统计。以期刊被引频次

（Freq. ≥10）为标准，选取了排列在前 42 位的期刊，得到如表 6-3 所示的高频次共被引期刊列表。以图谱中心性（Cent. ≥0.02）为标准，选取了排列在前 48 位的期刊，得到如表 6-4 所示的高中心性共被引期刊列表。

表 6-3　　**新闻传播学教育研究高频次共被引期刊列表**

Freq.	期刊	Freq.	期刊
182	国际新闻界	21	中国编辑
132	新闻与传播研究	20	中国出版
123	新闻大学	17	中国电化教育
107	新闻记者	16	新闻爱好者
93	当代传播	16	新闻学研究［台］
82	现代传播	16	中国传媒报告［港］
59	新闻界	16	*Communication Research*
49	现代传播：中国传媒大学学报	16	出版广角
39	*Journal of Communication*	15	传媒观察
34	新闻战线	15	西南民族大学学报（文科版）
34	中国记者	12	中华新闻报
30	中国广播电视学刊	12	新闻传播
29	新闻知识	12	编辑学报
29	出版发行研究	11	河北大学学报（文科版）
27	青年记者	11	东南传播
26	编辑之友	11	电视研究
25	新闻与写作	11	人民日报
23	今传媒	11	中国青年报
23	电化教育研究	11	编辑学刊

续表

Freq.	期刊	Freq.	期刊
10	情报学报	10	新闻前哨
10	*Public Opinion Quarterly*	10	*Journalism Quarterly*

由表6-3可看出，我国新闻传播学教育研究高被引期刊前几位分别为：中国人民大学主办的《国际新闻界》、中国社会科学院主办的《新闻与传播研究》、复旦大学主办的《新闻大学》、上海新闻学会会刊主办的《新闻记者》、新疆日报社主办的《当代传播》、中国传媒大学主办的《现代传播》和四川日报报业集团主办的《新闻界》。高共被引期刊绝大多数都是新闻传播学专业期刊。只有《电化教育研究》和《中国电化教育》是教育专业期刊。另外，高共被引期刊中有 *Journal of Communication*、*Communication Research*、*Public Opinion Quarterly* 和 *Journalism Quarterly* 4种外文期刊，这四种外文期刊也是新闻传播学专业学术期刊。

在表6-4中，排在中心性前几位的是《当代传播》《新闻战线》《中国广播电视学刊》《*Science*》《新闻与传播研究》《新闻与写作》《新闻知识》。其中美国学科促进会出版的 *Science*（《科学》）杂志是当今世界上发表最好的原始研究论文，以及综述和分析当前研究和科学政策的同行评议的期刊之一。其他高中心性共被引期刊绝大多数属新闻传播学专业。和前一节研究内容分析结果相似，从期刊共被引的结果分析中可以发现，新闻传播学教育研究的知识基础相对而言比较单一，除少数其他学科期刊所代表的知识外，该学科教育研究的知识基础聚集在本学科内。

表 6-4　　新闻传播学教育研究高中心性共被引期刊列表

Cent.	期刊	Cent.	期刊
0.43	当代传播	0.09	北京广播学院学报
0.39	新闻战线	0.08	现代传播
0.34	中国广播电视学刊	0.08	人大复印报刊资料
0.26	Science	0.07	出版发行研究
0.25	新闻与传播研究	0.07	今传媒
0.24	新闻与写作	0.06	武汉体育学院学报
0.23	新闻知识	0.05	国际新闻界
0.22	中华读书报	0.05	新闻传播
0.19	情报学报	0.05	*European Journal of Communication*
0.18	新闻界	0.05	南宁：广西人民出版社
0.18	中国编辑	0.05	陕西师范大学学报（文科版）
0.18	读书	0.04	编辑之友
0.17	中国出版	0.04	出版科学
0.16	新闻记者	0.04	出版广角
0.16	*Journal of Communication*	0.04	东南传播
0.15	河北大学学报（文科版）	0.04	高教探索
0.12	新闻大学	0.03	青年记者
0.12	中华新闻报	0.03	电视研究
0.11	中国记者	0.03	中国大学教学
0.11	*Critical Studies in Media Communication*	0.03	新闻学研究（台）
0.11	南方电视学刊	0.02	传媒观察
0.1	职业技术教育	0.02	图书情报工作
0.1	广东轻工职业技术学院学报	0.02	现代情报
0.09	新闻爱好者	0.02	*Journalism*

第四节　综合讨论

本章从学者共被引、文献共被引和期刊共被引等三个层面详细分析了我国新闻传播学教育研究的权威学者、经典文献和代表期刊，以它们作为信息流传输的“辐射源”，反映了该学科教育研究的知识基础来源。从具体知识图谱和数据分析的结果有如下发现。

一、新闻传播学教育研究知识基础的特征

（1）中国新闻传播学教育研究学者基本都是从事研究和教学活动的高校教师，新闻传播学教育研究的主要知识基础以本学科为主。排名前50位的高被引频次作者无论中外都是本学科高等教育或研究机构的科研工作者。然而新闻传播学教育的实践者不仅仅是高校教学机构，在更广泛的意义上还包括传媒业界。因为学科专业理念必须在业界的实践活动中展开，专业教育目标才能最终完成，所以作为实践性和应用性很强的学科，新闻传播学教育研究需要教育和业界的双方合作，但是目前中国新闻传播学教育研究主体绝大多数未能实现双方的对话与合作。

（2）学科内部被广泛采用的知识体系理论视野不够开阔。新闻传播学教育研究的理论体系与其他学科的交融并不多，缺乏其他相关学科的理论基因。新闻传播学教育研究的高被引文献集中在传播学理论研究、新闻学理论研究、媒介素养教育领域，只有托马斯·库恩的《科学革命的结构》属非新闻传播学科，所以该学科教育研究的知识基础相对而言比较单一，在研究前沿中所体现的“跨学科融合”还没有在知识基础的建构中显现。

二、影响新闻传播学教育研究知识基础的因素

新闻传播学教育研究是以发现或发展该学科科学体系为导向，其研究成果描述的是新闻传播学的教育现象，解释的是新闻传播学的教育行为，目的是改进新闻传播学的教育实践功能。但中国的新闻传播学目前没有产生在国际学界具有较大影响力的原创性理论成

果，也因此尚未与西方学者具备同等的话语权。中国人民大学教授陈力丹曾指出学科理论研究总体上还停留在引进、介绍的层次，缺乏原创性，发表的文章和申报的课题，内容重复率较高①。影响新闻传播学教育研究知识基础的因素有以下几点：

首先，研究方法的科学性问题。本章研究数据所得出的新闻传播学教育研究排前20位的高被引文献中，传统的思辨论证方法占到了95%以上，量化研究和质性研究的比例失衡，这种失衡导致新闻传播学教育研究经常从现存理论入手去研究现实问题，而非凭借研究方法对研究对象进行分析后创造出新的理论。

其次，学术资源积累的重要性。受学科建制的影响和从未停止过的学科核心概念的讨论，中国的新闻传播学教育界目前尚未出现稳定且有广泛影响力的主要学术流派。整个学科的理论研究相对而言在延续性、体系性上不足，理论研究的主要内容是以西方的知识引入及中国本土现实中的具体问题为导向，有深度、有体系的原创理论难以形成，具体表现在教育研究成果上学术积累薄弱。蒋晓丽和张放将国际学界和中国新闻传播学刊物做对比研究后发现，国际期刊上登载的论文非常重视相关论题文献回顾和综述，体现出了对研究继承性作用的重视，而中国新闻传播学学术期刊上的论文很多缺乏详细的文献综述，显示出了新闻传播学研究学术积累的薄弱问题②。

---

① 陈力丹. 关于传播学研究的一些想法［M］. 张国良，黄芝晓，编著. 中国传播学：反思与前瞻. 上海：复旦大学出版社，2002：39-43.

② 蒋晓丽，张放. 中国新闻传播学研究为何缺乏原创理论［J］. 新闻与写作，2016（1）：35-39.

第七章　中国新闻传播学教育研究主体与合作网络的知识图谱

新闻传播学教育研究成果的创造主体是谁？他们又受到哪些科研机构和基金项目的支持？这些新闻传播学教育研究主体的科学合作状况又如何？本章将围绕解决这些问题进行新闻传播学教育研究的主流学者分析、研究机构分析和基金项目资助分析、作者合作网络和机构合作网络分析，以期对我国新闻传播学教育研究的中坚力量和发展环境有较为全面客观的认识，并利用社会网络分析方法对新闻传播学教育研究中不同作者的影响力、合作网络演化、研究派系等进行实证研究。

近 15 年以来，新闻传播学科在该学科教育研究的人才队伍、研究机构和研究基金资助项目上都实现了长足的发展，直接体现在该学科教育研究的文献成果数量上。由图 7-1 可见，自 2000 年来，

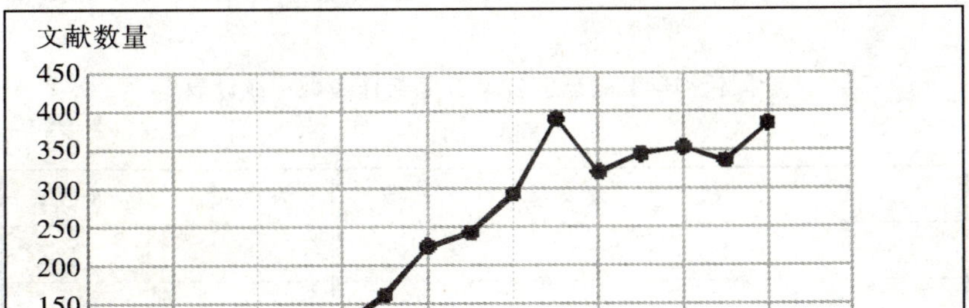

图 7-1　新闻传播学教育研究发文趋势图（2000—2014）

新闻传播学教育研究的论文数量一直持续增长。与其他学科相对独立、自我发展成型不同，应用性强、交叉性强是新闻传播学的突出特点，学科知识大多涉及与其他学科的关联，如社会学、政治学、心理学等，同时融会了新闻传播实践的经验总结，从而形成了以大众传播为研究主体的学科架构。面对学科融合的复杂度，科研合作在新闻传播学教育研究中也成为提高研究效率和绩效的一种途径。社会网络分析是可以用来探究科学合作领域作者之间的合作网络。

第一节　中国新闻传播学教育研究主体分析

新闻传播学教育研究主体是该学科教育的知识认知主体和动力体。这里的“主体”是教育研究的主体，它不仅包括研究者，也包括教育研究机构和基金项目，可理解为促进和承担新闻传播学教育研究的人力与物质力的集合，即学科研究的硬件（研究机构、基金专案）和软件（人力资本）供给与来源情况的总称。

一、新闻传播学教育研究作者分析

经过对3431篇文献资料进行统计，2000—2014年间，我国共有2450位新闻传播学教育研究学者在多种学术期刊上发表论文。由表7-1可见，发表1篇论文的作者人数最多，共有1945位，发表

表7-1　**新闻传播学教育研究发文数量与作者数量统计表**

（2000—2014）

发文量	人数	发文量	人数	发文量	人数
18	1	9	3	4	43
13	3	8	5	3	99
12	2	7	10	2	323
11	6	6	14	1	1945
10	1	5	16		

2篇的作者有323人，虽然只是1篇文章的区别，但是在人数上却差别巨大。而在发表5篇以上论文时，发文量差距的人数区别不大。所以可以看出，发表数量较多的作者对新闻传播学教育有持续性研究。

（一）高产作者分析

本研究对新闻传播学教育研究高产作者界定的依据是普赖斯定律，该定律描述了期刊论文中核心作者与全体作者间的定量关系，如下文中的公式。公式中的 n_{max} 为最高产作者的发文量，N 为核心作者群发文量的临界值，发文量大于 N 的作者即可视为核心作者。根据上面的统计，本研究设定的15年间，发表文献最多的作者是中国人民大学的蔡雯教授，其发文量为18篇，即 $n_{max}=18$。将 $n_{max}=18$ 代入普赖斯定律公式，得出 $N=3.1777\approx3$，即论文发表量在3篇以上的作者是该新闻传播学教育研究中的高产作者，在2450位作者中有198位高产作者。

$$N=0.749\times\sqrt{n_{max}}$$

通过利用CiteSpace软件在操作界面的参数设置上选择作者（Author）作为网络节点类型（Node Types），每一年为一个区分，并且选择每一时间片段中出现频次最高的30个数据，即Text N per slice为30，对CNKI收录的3640篇文献进行作者共现分析，得到了378条节点，如图7-2所示。作者共现网络图谱可以反映科学研究中的主流群体和代表人物。由图中的节点大小和颜色可看出蔡雯、陈力丹、郑保卫、李建伟、张昆、吴廷俊、邱沛篁、李希光、董小玉等是我国新闻传播学教育研究的中坚力量。

由于图谱中只对高频次出现的作者有明显显示，而整体作者数量较多，所以在下文中以发表论文6篇以上的作者为例，在表7-2中对他们的所在机构、年龄、职务等进行了分析，其中有些作者的年龄信息在文献中并未呈现，因此下文中的数据借助了网络搜索实现。

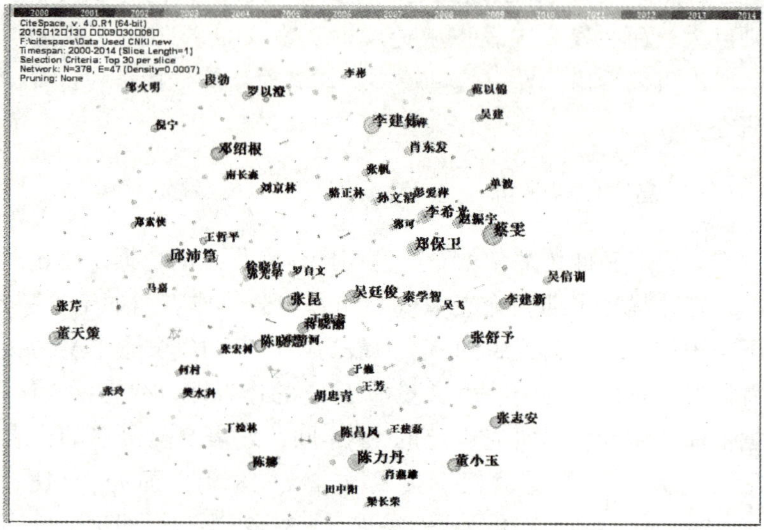

图 7-2　新闻传播学教育研究的作者共现图谱（2000—2014）

表 7-2　　**新闻传播学教育研究高产作者名单**

（2000—2014）（前 45 名）

作者	所属机构	文献数	地区	出生年份
蔡雯	中国人民大学	18	北京	1964
陈力丹	中国人民大学	13	北京	1951
张昆	华中科技大学	13	湖北	1962
李建伟	河南大学新闻与传播学院	13	河南	1955
郑保卫	中国人民大学	12	北京	1945
邱沛篁	四川大学	12	四川	1939
董小玉	西南大学	11	重庆	1956
吴廷俊	华中科技大学	11	湖北	1945
李希光	清华大学	11	北京	1959
邓绍根	暨南大学	11	广东	1974
董天策	暨南大学	11	广东	1963

续表

作者	所属机构	文献数	地区	出生年份
张舒予	南京师范大学	11	湖北	1955
陈晓慧	东北师范大学	10	吉林	1963
蒋晓丽	四川大学	9	四川	1956
李建新	上海大学	9	上海	1964
张志安	中山大学	9	广东	1942
陈昌凤	中国人民大学	8	北京	1964
段勃	河南师范大学	8	河南	1972
张芹	三峡大学	8	湖北	1973
赵振宇	华中科技大学	8	湖北	1949
徐晓红	吉首大学	8	湖南	1968
王天德	浙江传媒学院	7	浙江	1948
胡忠青	湖北省郧阳师范高等专科学校	7	湖北	1974
孙文清	浙江林学院	7	浙江	1968
肖东发	北京大学	7	北京	1941
陈娜	天津师范大学	7	天津	1983
秦学智	中国传媒大学	7	北京	1967
罗以澄	武汉大学	7	湖北	1944
高钢	中国人民大学	7	北京	1953
朱清河	陕西师范大学	7	陕西	1969
吴信训	上海大学	7	上海	1949
邹火明	长江大学	6	湖北	1964
倪宁	中国人民大学	6	北京	1952
单波	武汉大学	6	湖北	1964
王积龙	四川大学	6	四川	1975
吴建	四川大学	6	四川	1958

续表

作者	所属机构	文献数	地区	出生年份
蔡骐	湖南师范大学	6	湖南	1966
郭光华	广东外语外贸大学	6	广东	1964
黄旦	复旦大学	6	上海	1954
王哲平	浙江工业大学	6	浙江	1962
郭可	上海外国语大学	6	上海	1963
范以锦	暨南大学	6	广东	1946
刘京林	中国传媒大学	6	北京	1944
骆正林	南京师范大学	6	江苏	1969
彭爱萍	华中科技大学	6	湖北	1967

注：年龄计算和作者所属机构时间为2015年，作者归属多个机构的以发文量总数多的机构为标准。

从表7-2中可以看出我国近15年中新闻传播学教育研究的主流群体和代表人物。其中，现任中国人民大学新闻学院副院长的蔡雯教授发文量最高，为18篇，她在新闻传播学教育的教育改革、人才培养模式等方面都有持续而丰硕的研究。她同时也是国家重点社科基地中国人民大学新闻与社会发展研究中心研究员和中国新闻教育史学会副会长。排在发文量第二位的陈力丹教授和第五位的郑保卫教授也都是中国人民大学新闻学院的老师。发文量在第三位的是华中科技大学新闻与信息学院的张昆教授，他是国务院学位委员会新闻传播学科组成员。发文量第四位的李建伟教授是河南大学新闻与传播学院原院长，教育部高教司国家级实验教学示范中心评审专家。其他所有排名前45名的高产作者也全都来自于高等院校，其中绝大多数就职于新闻传播类学院，只有南京师范大学的陈晓慧教授和东北师范大学的张舒予教授来自于教育类学院，她们的文献主要关注点是媒介素养教育。

这些高产作者的机构分布在我国13个省份和直辖市，包括北京10人，湖北10人，广东5人，上海4人，四川4人，浙江3人，河南2人，湖南2人，天津、吉林、江苏、重庆、陕西各1人。对应人数与地区分布的情况，这些作者所在的高校在新闻传播学科中也有较大的影响力。比如中国人民大学6人，华中科技大学和四川大学各有4人，暨南大学有4人，武汉大学有2人，而这几所学校都是具有从本科生到研究生的整体规模，且具备新闻传播学博士培养资格的高校。

从年龄上看，前45名高产作者中年龄最大的是四川大学76岁的邱沛篁教授，他曾任四川大学新闻学院院长，现被国家教委聘为全国新闻学专业指导委员会副主任。年龄最小的是现上海交通大学40岁的王积龙副教授，但是他有关新闻传播学教育研究的论文多发表在四川大学读博阶段，所以在机构归属中列的是四川大学。从图7-3中可看出，占总数前4位的分别是：介于46~55岁的18人，占40%；介于66~75岁的11人，占24.45%；介于56~65岁的9人，占20%；介于36~45岁的5人，占11.11%。这些数据说明，最有活力的研究群体集中在中青年群体中，且经过长期积累的老年学者对该学科教育研究具有十分重要的影响力，而36岁以下的青年学者在其中只有一位。

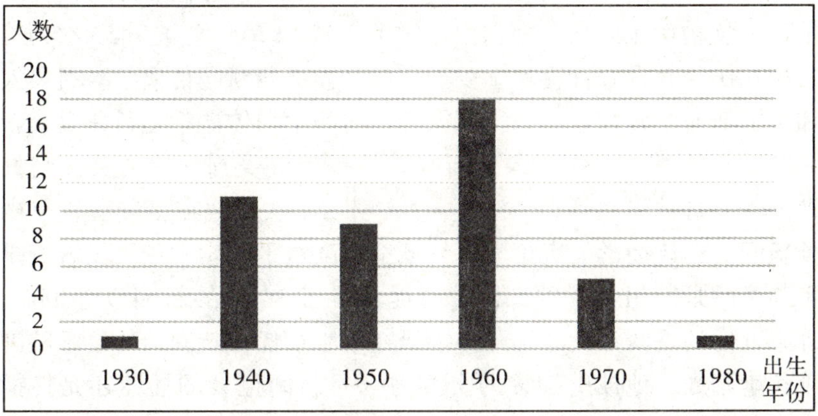

图7-3 新闻传播学教育研究高产作者年龄段分布图

（二）高被引作者分析

学术论文被引频次是反映论文质量和作者水平的一项重要指标。其中，高被引频次论文意味着在一段时期内，作者研究成果广泛被其他研究者认可、继承和发扬。高被引作者历来是国内外很多研发机构重点关注的对象。美国科学信息研究所在其著名的 SCI 引文数据库的基础上，开发出了 ISI-Highly Cited（高被引科学家）数据库，收录了数学、物理学、生命科学等 21 个学科领域中全球被引频次最高的前 250 名高被引科学家的履历和论文列表等信息①。CNKI 的子数据库"中国引文数据库"收录了 1979 年至今中国学术期刊（光盘版）电子杂志社出版的所有源数据库产品的参考文献，并揭示了各类文献之间的相互引证关系，所以在本研究中对应选择了该数据库作为高被引作者分析的数据来源，得出了中国新闻传播学教育研究被引频次排名前 37 位的作者信息，如表 7-3 所示。

从表 7-3 中可以看到排名前三甲的都是中国人民大学的教授，其中，蔡雯以被引文献 18 篇，总被引 460 次列首位。蔡雯主要研究领域为新闻编辑学、新闻媒介研究等，是中国人民大学新闻学院应用新闻学方向的学科带头人，她也是国内最早研究新闻传播策划理论的学者，其《媒介融合前景下的新闻传播变革与新闻教育改革》一文被引 124 次。郑保卫以被引文献 14 篇，总被引 55 次列第二位，作为教育部社会科学委员会学部委员兼新闻传播学科召集人和全国新闻学研究会会长，郑保卫在新闻学与传播学学科建设、新闻教育等方面提出的"保卫新闻学"等建议受到学界的关注与好评。陈力丹被引文献为 12 篇，总被引 151 次，他在新闻理论、中外新闻史、传播学、舆论学等领域都有高水平的学术论文发表。排第四位的是四川大学的邱沛篁，他从事了 36 年的新闻教育工作。列第五位的是清华大学国际传播研究中心主任、新闻与传播学院副院长李希光，他被引最多的文章为《是新闻记者的摇篮还是传播

① 黎苑楚，徐春燕，程斌. 我国高被引作者群体属性研究——基于中国引文数据库统计分析［J］. 科技进步与对策，2015（5）：150-155.

学者的温室？——21 世纪新闻学教育思考》。

表 7-3　　**新闻传播学教育研究高被引作者名单**

（2000—2014）（前 37 名）

作者	机构	被引文献数
蔡雯	中国人民大学	18
郑保卫	中国人民大学	14
陈力丹	中国人民大学	12
邱沛篁	四川大学	11
李希光	清华大学	11
童兵	复旦大学	9
段勃	河南师范大学	8
吴飞	浙江大学	7
朱清河	陕西师范大学	7
赵振宇	华中科技大学	7
杨改学	西北师范大学	7
李梁	上海大学	7
胡钦太	华南师范大学	7
吴廷俊	华中科技大学	7
董天策	暨南大学	6
胡忠青	湖北省郧阳师范高等专科学校	6
董小玉	西南大学	6
杨保军	中国人民大学	5
徐晓红	吉首大学	5
沈正赋	安徽师范大学	5
朱清河	复旦大学	5

续表

作者	机构	被引文献数
田中阳	湖南师范大学	5
邓建国	复旦大学	5
王积龙	四川大学	5
王哲平	浙江工业大学	5
李良荣	复旦大学	5
郑亚楠	黑龙江大学	5
刘海贵	复旦大学	5
张昆	华中科技大学	5
申凡	华中科技大学	5
李军松	天津科技大学	5
蒋晓丽	四川大学	5
郭光华	广东外语外贸大学	5
高钢	中国人民大学	5
张德胜	广州体育学院	5
江凌	中国人民大学	5
倪宁	中国人民大学	5

资料说明：数据来源于中国引文数据库，搜索关键词为“新闻”或者“传播”且关键词为“教育”，时间为 2015 年 12 月 8 日。由于该数据库中 2000—2014 年新闻传播学教育研究被引作者排名中，被引 4 篇文献以上的共有 64 名，为了和发文总量排名前 45 名的人数接近，有利于对比，因此本表中以 5 篇为标准列举了前 37 名。

对照表 7-2 和表 7-3 进行综合分析后可以发现：在人数集中性上，两个表中共有 19 位作者在发文量和被引频次上都处于前列，而蔡雯、陈力丹、郑保卫、邱沛篁和李希光五位作者均列两个排名的前十名，这5位作者可以视为新闻传播学教育研究的核心人物，在发文数量和影响力上都有较高贡献。两个表的作者重合度接近一半，说明该学科教育研究群体比较集中。特别是中国人民大学、华中科技大学、复旦大学和四川大学在新闻传播教育研究上形成了核心作者群。

在机构分布上，大多数作者来自于“985工程”“211工程”重点大学，以及分布在北京、上海、浙江和广东等经济较为发达的地区。在作者年龄上，基本呈现了老中青三个群体，但是最有影响力的研究者主要集中在20世纪60年代出生的作者中，这也符合科学研究群体的普遍规律。

二、新闻传播学教育研究机构分析

新闻传播学在我国高等教育中的历史并不长，新闻学在中国作为一门学科，以及中国新闻学教育的开端，通常以1918年10月北京大学新闻学研究会的成立作为标志；而1978年7月复旦大学新闻系的刊物《外国新闻事业资料》首次公开介绍传播学，通常被视为中国传播学研究的起点；新闻传播学作为人文社会学科教育，进入新世纪以后才被列入国家高等教育一级学科范畴。新闻传播学教育研究机构是学者的“孵化器”，从其分布状况、类型特点等可以观察到我国新闻传播学教育研究的整体发展情况。对新闻传播学教育研究机构的分析和研究离不开文献作者的关系，所以为了和本节前文一致，以下内容在检索时使用的是CNKI数据库，且注意了以下几个特殊情况：（1）以论文第一作者归属机构为标准；（2）合并了更改校名的学校，比如“北京广播学院”在2004年更名为“中国传媒大学”，本研究中一并计入中国传媒大学；（3）在数据库统计中出现的“中国社会科学院新闻与传播研究所”和“新华通讯社”不属于高校，而是科研机构。

对新闻传播学教育研究高等院校发文量进行统计后，得出的结果如表7-4所示。

表 7-4　　新闻传播学教育研究高等院校发文量名单
（2000—2014）（前 40 名）

序号	机构	所在地	文献数	百分比%	类别
1	中国人民大学	北京	124	3.24	985
2	复旦大学	上海	93	2.43	985
3	中国传媒大学	北京	73	1.91	985
4	华中科技大学	湖北	72	1.88	985
5	清华大学	北京	51	1.33	985
6	武汉大学	湖北	47	1.23	985
7	暨南大学	广东	43	1.12	985
8	浙江大学	浙江	41	1.07	985
9	南京大学	江苏	38	0.99	985
10	河北大学	河北	38	0.99	
11	南京师范大学	江苏	37	0.97	211
12	北京大学	北京	32	0.84	985
13	郑州大学	河南	31	0.81	211
14	上海大学	上海	31	0.81	211
15	华南师范大学	广东	30	0.78	211
16	西北师范大学	甘肃	29	0.76	
17	陕西师范大学	陕西	27	0.71	985
18	河南大学	河南	27	0.71	
19	湖南师范大学	湖南	26	0.68	211
20	北京师范大学	北京	24	0.63	985
21	渤海大学	辽宁	21	0.55	
22	湖南大学	湖南	21	0.55	985
23	西北大学	陕西	20	0.52	211
24	广州大学	广东	20	0.52	
25	厦门大学	福建	19	0.5	985

续表

序号	机构	所在地	文献数	百分比%	类别
26	徐州师范大学	江苏	19	0.5	
27	黑龙江大学	黑龙江	18	0.47	
28	河南师范大学	河南	17	0.44	
29	兰州大学	甘肃	17	0.44	985
30	西南政法大学	重庆	17	0.44	
31	天津师范大学	天津	17	0.44	
32	西南大学	重庆	16	0.42	985
33	四川外国语大学	重庆	16	0.42	
34	苏州大学	江苏	16	0.42	211
35	华中师范大学	湖北	16	0.42	985
36	华东师范大学	上海	16	0.42	985
37	广西大学	广西	16	0.42	211
38	浙江传媒学院	浙江	16	0.42	
39	上海体育学院	上海	14	0.37	
40	湖南科技职业学院	湖南	13	0.34	

注：数据来源于CNKI中国引文数据库，搜索关键词为“新闻”或者“传播”且关键词为“教育”，时间为2015年12月8日，文献总量为3431。

在前40名发文高校名单中，只有14所高校不属于我国“985工程”和“211工程”(“985工程”是“世界一流大学建设项目”，“211工程”是高等教育发展工程，也是高等教育事业的系统改革工程)。在前10名的高校中90%来自重点大学，且除南京大学外都具备一级学科博士点，同时这10所高校都位列2014年教育部学科评估高校新闻传播学专业排名前50名。这些学校依托雄厚的科研和教学实力，在新闻传播学教育研究中占主导地位，无论是师资水平还是研究生的培养质量都成为新闻传播学教育研究的“实力军团”。例如首位的中国人民大学，1955 年其新闻系在初创时集人大、燕京和北大三所大学的新闻教育力量于一体，开始了中国新闻教育的新历程，目前该新闻学院成为全国仅有的同时拥有新闻学、传播学两个一级重点学科的学院之一，是我国新闻传播领域人才培养和科学研究的重要基地，也是教育部人文社会科学重点研究基地“新闻与社会发展研究中心”所在单位。位于第二的复旦大学新闻学院前身为复旦大学新闻系，创办于 1929 年 9 月，历史悠久，学术积淀深厚，拥有一批全国知名的学科领军人物和富有科研潜力的中青年学术骨干，其中有国务院新闻传播学科评议组召集人 1 名、教育部新闻传播学科教学指导委员会主任 1 名、中国新闻教育学会副会长 1 名、中国新闻史学会副会长 2 名。排在第三位的中国传媒大学是前十名高校中唯一以新闻与信息传播类专业为主导的综合高校，该校培养了大批信息传播领域高层次人才，被誉为“中国广播电视及传媒人才摇篮”“信息传播领域知名学府”。紧随其后的华中科技大学，其新闻与信息传播学院现也是国内一流水准的新闻传播学术重镇，形成了国内最为完整的新闻传播类高级专业人才培养链，是国内拥有新闻传播学一级学科博士授予权的六大新闻学院之一。

需要特别说明的是，在发文前 100 名的科研机构中，只有排在 63 位的中国社会科学院新闻传播研究所与排在 84 位的新华通讯社两家非高校机构。中国社会科学院新闻与传播研究所成立于 1978 年 8 月，作为专业的学术研究机构出版发表了大量的专著、译著、论文、研究报告等。新华社是我国最具权威的新闻信息采集专业机构，该社创办的《中国记者》是国内最有影响的中文新闻业务刊物之一，从某种程度上说，新华社也是排名前 100 的机构中唯一具有新闻传播教育研究学术影响力的新闻传播实践单位。新闻传播学科中融合了多个实践性较强的专业，从才人培养和适应市场需要的角度来说，以实践经验为研究背景的新闻传播学教育研究机构还十分匮乏。

为了观察科研机构的全貌，本研究选取了 CNKI 中国引文数据库中排名前 100 的机构进行了发文数量和地区分布的分析，如图

7-4 所示。

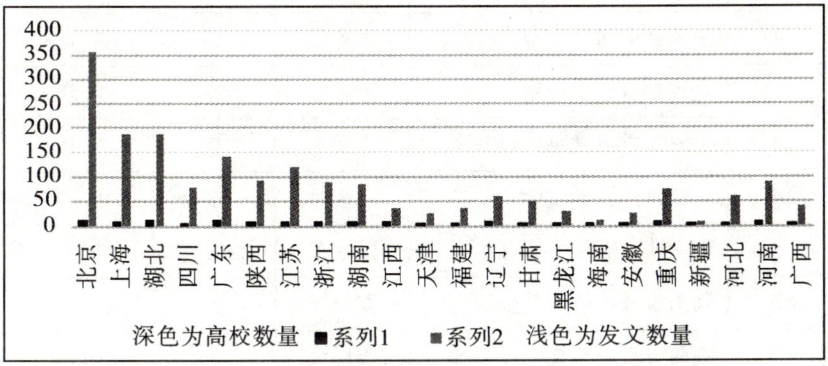

图 7-4 新闻传播学教育研究发文院校数量与地区分布图
（2000—2014）（前 100 名）

注：数据来源于中国引文数据库，搜索篇名为“新闻”或者“传播”且关键词为“教育”，时间为 2015 年 12 月 8 日。

发文在 100 篇以上的地区为北京 355 篇、湖北 186 篇、上海 184 篇、广东 139 篇、江苏 118 篇，说明这 5 个地区的高校在新闻传播学教育研究中具有绝对优势。而四川 77 篇、陕西 89 篇、浙江 86 篇、湖南 84 篇、河南 85 篇，说明这些地区的高校也有稳定的研究实力。综上所述，地区社会经济发展程度、高等院校发展历史积累等都会对新闻传播学教育研究的实力状况与分布产生影响。

三、新闻传播学教育研究基金项目分析

基金项目是为鼓励科学创新与发展而设立的，在推动科学基础研究的发展，促进基础学科建设，发现、培养优秀科学人才等方面有巨大的促进作用。为分析新闻传播学教育研究受资助的情况，本研究延续上文中对高被引作者和高产机构的调查标准，选取了 CNKI 中国引文数据库中 3826 篇（该数据库检索条件与前文不同）新闻传播学教育研究文献涉及的基金项目情况，分析结果如表 7-5 所示。

表 7-5　**新闻传播学教育研究受助基金项目（2000—2014）**

序号	基金	级别	文献数	百分比%
1	国家社会科学基金	国家级	45	1.18
2	全国教育科学规划	国家级	22	0.58
3	上海市重点学科建设基金	省部级	7	0.18
4	国家自然科学基金	国家级	5	0.13
5	中国博士后科学基金	国家级	5	0.13
6	湖南省教委科研基金	委局级	5	0.13
7	陕西省教委基金	委局级	5	0.13
8	湖南省社会科学基金	省部级	4	0.1
9	浙江省教委科研基金	委局级	4	0.1
10	湖北省教委科研基金	委局级	3	0.08
11	江苏省教育厅人文社会科学研究基金	委局级	3	0.08
12	河南省软科学研究计划	省部级	2	0.05
13	跨世纪优秀人才培养计划	国家级	2	0.05
14	北京市优秀人才基金	省部级	2	0.05
15	广东省自然科学基金	省部级	2	0.05
16	四川省教委重点科研基金	委局级	2	0.05
17	中国科学院知识创新工程基金	委局级	2	0.05
18	甘肃省软科学研究计划	省部级	1	0.03
19	湖南省软科学研究计划	省部级	1	0.03
20	山西省软科学研究计划	省部级	1	0.03
21	国家体育总局体育社会科学、软科学研究项目	委局级	1	0.03

续表

序号	基金	级别	文献数	百分比%
22	中国科协科普专项基金	委局级	1	0.03
23	高等学校骨干教师资助计划	委局级	1	0.03
24	国家留学基金	国家级	1	0.03
25	高等学校博士学科点专项科研基金	国家级	1	0.03
26	甘肃省教委科研基金	省部级	1	0.03
27	广东省教育厅自然科学基金	委局级	1	0.03
28	河南省教委自然科学基金	委局级	1	0.03
29	江苏省科委社会发展基金	委局级	1	0.03
30	江苏省青蓝工程基金	委局级	1	0.03
31	辽宁省教育厅高校科研基金	委局级	1	0.03
	总计		134	

注：数据来源于中国引文数据库，搜索关键词为“新闻”或者“传播”且关键词为“教育”，时间为2015年12月8日。

由表7-5可以看出，对新闻传播学教育研究支持最多的是国家社会科学基金（45篇），设立于1991年的国家社会科学基金与1986年设立的国家自然科学基金是我国在科学研究领域支持基础研究的主渠道，面向全国，重点资助具有良好研究条件、研究实力的高等院校和科研机构中的研究人员。国家级基金项目排第二位的是全国教育科学规划项目（22篇），全国教育科学规划的主要职能，是负责制定全国教育科学规划及课题指南、制定全国教育科学规划课题管理办法、编制重点课题经费预算等，所以作为高等教育部分的新闻传播学科得到的该基金资助数较多。除了7个国家级基金项目外，多数新闻传播学教育研究的经费支持来自于各种省部级和委局级项目，这部分占到了77%的比重，可以看出对该学科教育研究的物质支持主力来自于各高校所在的地区和所属部委。

从图 7-5 中可看出近年来国家社会科学基金对新闻传播学教育研究的支持力度也逐年增长，2000—2014 年中共有 45 篇文献发表，惠及了 20 所研究机构的 68 位作者。由于 CNKI 中国引文数据库只收录了省部级以上基金的信息，所以文献中涉及的市级或者校级资助未能体现出来。十五年间有 135 篇文献受到省级以上基金项目资助，但是对应 3826 的文献总量，受资助数量仅有 3.53%，可见，对于新闻传播学教育研究的支持力度还有待提升。

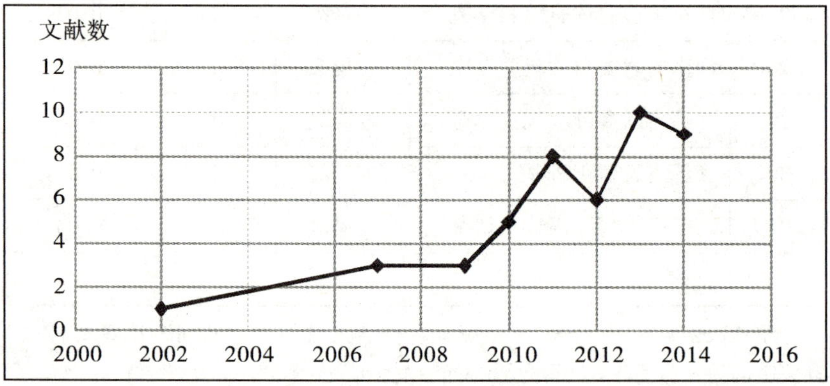

图 7-5　新闻传播学教育研究受国家社会科学基金项目资助发文数量统计图（2000—2014）

注：数据来源于 CNKI 中国引文数据库，搜索关键词为“新闻”或者“传播”且关键词为“教育”，基金项目选项为“国家社会科学基金”，时间为 2015 年 12 月 8 日，文献总量为 45。

第二节　新闻传播学教育研究作者合作网络知识图谱分析

科研合作最显著的表现形式是科研人员之间合作发表论文，而对论文合作情况的研究是分析科研合作状况的一个重要切入点。新闻传播学教育研究合作论文数量及其合作状况，可以反映其合作研究的特征。社会网络分析是对社会关系结构及其属性加以分析的一套规范和方法，它以不同的行动者（如个体、群体、组织）所构成的关系作为主要研究对象，而不是行动者本身，即社会网络分析的研究对象为关系数据，而不是传统统计学意义上的属性数据①。本节采用社会网络分析法对中国新闻传播学教育研究的作者合作关系进行探讨和分析。在构建作者合作共现矩阵时用的是美国计算机资源中心（Computer Resource Center）研制的 STATA，该软件是用于分析和管理数据的统计分析软件。然后将使用社会网络分析软件 UCINET 对作者共现矩阵进行数据分析，通过网络分析指标如中心性分析、凝聚子群分析等探讨新闻传播学教育研究中的学术流派与研究团体，并采用可视化软件 Net Draw 绘制出作者合作网络图。

一、作者合作整体情况分析

（一）以年代为标准的情况分析

本节中的数据资源来自 CNKI 收录的 3431 篇新闻传播学教育研究的文献，通过 STATA 软件统计发现，2000—2014 年中共有 2450 位作者，其中 867 篇文献为 2 人以上作者的合作论文，占文献总量的 25.26%。合作度和合作率是分析新闻传播学教育合作研究的两个重要指标。合作度和合作率的高低和研究者之间交流频繁的程度成正比。合作度是指某一期间、某一领域内发表论文的作者人数与发表论文篇数的比值，合作率是指某一期间、某一领域内合作论文篇数与论文总篇数的比值②。由表 7-6 可见，十五年间我国新闻传播学教育研究的平均合作度与平均合作率分别为 1.31%和 25.2696%，两个数值都比较低，说明该学科教育研究整体合作程度偏低。

① 林聚任. 社会网络分析［M］. 北京：北京师范大学出版社，2009.

② 田依林. 我国高等教育合作研究团队的分析——基于部分 CSSCI 刊源教育类期刊载文研究［J］. 中国高教研究，2014（6）：23-26.

表 7-6　**新闻传播学教育研究文献作者合作统计表(2000—2014)**

每篇文献的作者数								合计（篇）	合著量（篇）	合著度	合著率%
篇数年份	1	2	3	4	5	7	9				
2000	50	10	1	0	0	0	0	61	11	1.20	18.03279
2001	52	13	3	0	0	0	0	68	16	1.28	23.52941
2002	56	12	0	1	0	0	0	69	13	1.22	18.84058
2003	70	14	2	0	1	0	0	87	17	1.25	19.54023
2004	95	21	2	0	0	0	0	118	23	1.21	19.49153
2005	122	31	5	1	2	0	0	161	39	1.32	24.2236
2006	176	39	7	0	0	0	0	222	46	1.24	20.72072
2007	175	51	10	1	0	1	1	239	64	1.37	26.77824
2008	210	70	10	0	1	0	0	291	81	1.32	27.83505
2009	281	89	10	6	2	0	0	388	107	1.35	27.57732
2010	231	74	11	1	1	0	0	318	87	1.32	27.35849
2011	261	66	12	2	1	0	0	342	81	1.29	23.68421
2012	263	77	11	1	0	0	0	352	89	1.29	25.28409
2013	256	55	20	2	0	1	0	334	78	1.32	23.35329
2014	266	93	21	0	0	1	0	381	115	1.37	30.18373
合计	2.564	715	125	15	8	3	1	3.431	867	1.31	25.2696
均值所占比率%	74.73	20.839	3.643	0.437	0.2	0.087	0.029				

注:此数据是用 STATA 软件与 Excel 统计得到,课题组集体合作按照平均折合为 5 人计算。

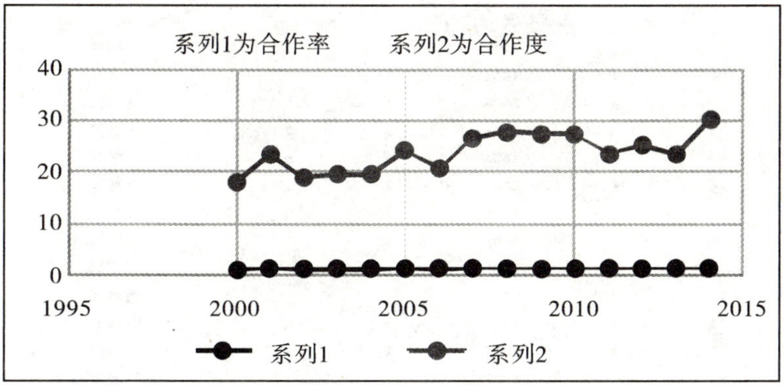

图 7-6　新闻传播学教育研究年份文献作者合作率与合作率变化趋势（2000—2014）

通过表 7-6 和图 7-6 可以看出，我国新闻传播学教育研究十五年间的合作率总体上呈逐渐上升趋势，2000—2004 年的合作率在 20%以内，2005—2013 年合作率在 20%—27%左右，2011—2013 年间有些许下降，到 2014 年突破了 30%，整体上合作趋势在上升。从表 7-6 可以发现，单一作者的文献比例从 2000 年的 82%逐年下降到 2011 年的 69.9%。在合作文献中，2 位作者和 3 位作者的情况占比最多，占总文献数的 24.5%，其合作比例呈不断上升的趋势。我国新闻传播学教育研究文献合作率和合作度整体上均呈上升的趋势。新闻传播学科的未来发展必须加强与其他学科的横向联合，加强与业界的紧密联系，相信未来在教育研究中合作力度将会不断增强。

（二）以作者为标准的情况分析

制作合作作者共现矩阵。运用 STATA 软件实现作者两两共现矩阵。第一步：将作者进行拆分并转置为“文章-作者”，操作界面示意如图 7-7 所示。

第二步：选择文章中作者数大于 2 的作者，运用 EXCEL 软件对作者间进行排列组合。

	id	出版年度	作者数	num	作者
1	1	2004	1	1	纪叶
2	2	2004	1	1	夏林
3	3	2005	3	1	范松仁
4	3	2005	3	2	张洪萍
5	3	2005	3	3	杨键
6	4	2005	1	1	周树雨
7	5	2005	1	1	王小河
8	6	2005	1	1	姚福
9	7	2001	1	1	张楠
10	8	2007	1	1	詹艳艳
11	9	2007	2	1	欧阳霞
12	9	2007	2	2	马涛
13	10	2007	1	1	胡忠青
14	11	2007	1	1	戴德艳
15	12	2007	1	1	殷勃
16	13	2007	3	1	张耀
17	13	2007	3	2	毕滢玲
18	13	2007	3	3	沈岳
19	14	2006	1	1	黄顺铭
20	15	2006	1	1	次旺卓玛
21	16	2006	1	1	王建磊
22	17	2006	1	1	邹琼
23	18	2006	1	1	张键
24	19	2006	1	1	梁文萍

图 7-7　核心作者共现对称矩阵（部分）

第三步：将数据导入 UCINET 软件进行分析后可得到表 7-7 和表 7-8 的数据。表 7-7 列出了合作次数不低于 3 的部分作者。从直接合作人数看，只与其他一位作者合作的有 1063 人，占合作作者总数的 66. 4%，与 2 位合作的有 351 人，与 3 位合作的有 94 人，与 4 位合作的有 41 人，与 5 位及以上的作者进行过合作的有 46 人，表 7-8 仅列出了合作人数不低于 6 的部分作者。从作者两两合作对看，共有 1321 对，其中只合作 1 次的有 1276 对，合作 2 次的有 33 对，合作 3 次的有 2 对。从统计数据来看，新闻传播学教育研究中合作总体上合作量不大，合作范围较小，合作紧密程度较松散，这说明新闻传播学教育研究者之间的科研合作还不够，需要在这方面予以加强。

表 7-7　新闻传播学教育研究作者合作频数统计（2000—2014）

作者	合作量	作者	合作量	作者	合作量	作者	合作量
张舒予	10	罗以澄	5	郑保章	4	徐晓红	3
陈晓慧	10	陈少志	5	夏文津	4	庞亮	3
张志安	8	郭光华	5	张帆	4	陈勇	3
蔡雯	7	秦学智	4	牛炳文	4	聂竹明	3
吴廷俊	7	黄旦	4	殷娟娟	3	李忠昌	3
董小玉	6	肖东发	4	王志敏	3	申凡	3
于巍	5	王哲平	4	袁磊	3	汤晓山	3
蒋晓丽	5	郭可	4	刘科荣	3	……	……
单波	5	李良荣	4	陈燕	3	贾海丽	1

表 7-8　新闻传播学教育研究作者合作人数统计（2000—2014）

作者	合作人数	作者	合作人数	作者	合作人数	作者	合作人数
陈晓慧	14	张舒予	9	杜晓丽	8	竺大力	6
张志安	11	李良荣	9	林莹	8	简光洲	6
高菲	11	初云玲	8	王大中	8	蔡雯	6
张敏	10	司徒丹东	8	王哲平	7	赵琪	6
殷乐	10	孟晓艳	8	课题组	6	郭秋敏	6
王娟	10	宋硕	8	刘春明	6	陈小莹	6
罗婧	10	封梨梨	8	刘涛	6	陈燕	6
闫鹏慧	10	崔燕	8	孙磊	6	高敏	6
马攀	10	崔银河	8	方可成	6	……	

注：表中课题组为“国内外新闻与传播前沿问题跟踪研究”课题组，按照 5 人来计算。

二、作者群合作社会网络分析

依据上文得到的统计数据，利用 UCINET 软中的 Netdraw 可视化方法，对上述核心作者共现矩阵进行处理，得到中国新闻传播学教育研究作者合作网络图谱，如图 7-8 所示。合作网络图谱中的每一个节点的大小表示该作者的中心性，中心性越大即与该作者有合作的其他作者人数越多。为了研究 15 年间中国新闻传播学教育研究核心作者合作网络的演变，下文将分 2000—2004 年，2005—2009 年，2010—2014 年三个时间段，分别绘制各个时间段的作者合作网络。

（一）社会网络图谱分析指标

（1）规模（size），指网络中包含的全部节点数目 n。

（2）密度（density），描述了一个网络中各个节点之间关联的紧密程度。各个节点之间联系越紧密，网络的密度就越大。

（3）中心性分析，"中心性"是社会网络分析的重点之一。中心度指数和中心势指数是两种重要的中心性量化指标。中心度指的是一个点在网络中居于核心地位的程度，而中心势考察的是整个图的总体整合度或一致性。中心性定义常见的三种方式有：

度数中心性（degree centrality）：点的度数中心度就是与一个节点直接相连的其他点的强度之和。如果一个行动者与很多其他行动者有直接联系，并且强度较大，该点就处于中心地位，拥有较大的权力。图的度数中心势是整个图的中心度。

接近中心性（closeness centrality）：一个点的接近中心度是该点与网络中所有其他点的捷径距离之和，表示个体的独立性、不受他人约束的能力。

中间中心性（betweenness centrality）：用于说明个体对信息、资源等的控制能力，如果一个点处于许多其他点对的最短路径上，那么这个点可能起到重要的"中介"作用，它可以通过控制信息的传递而影响群体，因而具有重要的意义①。

---

① 焦璨，张楠楠，张敏强，等. 基于社会网络分析的心理学科研人员合作网络研究［J］. 吉林大学社会科学学报，2014（4）.

（4）凝聚子群分析。凝聚子群分析主要是分析网络中存在多少个这样的“小团体”，“小团体”之间的关系特点，“小团体”内部成员之间关系的特点，两个或若干个“小团体”内部成员之间的关系特点。

（二）作者群合作网络结构阶段性分析

1. 2000—2004 年新闻传播学教育研究核心作者合作网络图谱分析

如图 7-8 所示，2000—2004 年新闻传播学教育研究的合作网络的连通性不高，其中 2 个作者的合作形式占主要趋势，未出现具有较大影响力的多人合作团体。3 人以上的合作网络只有 4 个，其中最大的是由张芹、王志敏、刘新荣、胡立德、贠伍 5 个人所组成的，这几个人都是浙江传媒学院的教师，合作是基于类似同校合作的还有戴烽、罗先诚、杨艳红 3 人的合作，他们是江西师范大学传播学院的教师。总体上以同校合作、师生合作为主。

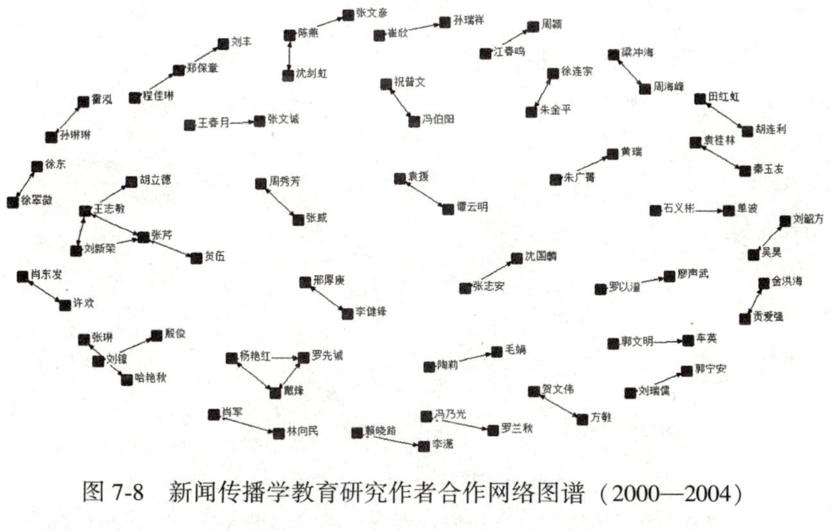

图 7-8　新闻传播学教育研究作者合作网络图谱（2000—2004）

经过计算，图 7-8 合作网络的密度是 0. 0211，这个数值很低，说明这段时间新闻传播学教育研究作者之间的学术联系很疏离。度中心性最高的学者是张芹和王志敏根（5.0），说明他们在这个时间内与5个人共同发表过论文。

2. 2005—2009年新闻传播学教育研究作者合作网络图谱分析

经计算，图7-9合作网络的密度是0.0136，比前5年的密度小，且在合作网络中出现了2个连通性较高的节点，最大的节点是由陈燕、李海刚、杨艳枝、韩颖和鲁红5人组成的合作网，他们都是河北大学新闻传播学院的老师。另一个较大的节点是由大卫·伯金汉、张开和林子斌组成的，但通过搜索文献发现，他们之间的合作实际上是由于《媒介素养教育在英国》①，这篇论文是中国传媒大学教授张开在英国伦敦大学教育学院当访问学者时采访该校教授大卫·伯金汉和教育学院博士生林子斌所写的访谈，所以并不是实质意义上的科研合作。其他节点还是以2人合作为主要趋势，且多为高校内的合作关系，如中国传媒大学的教师赵玉明与庞亮组成的节点，两人在网络图中度中心性都是（6.0）。整体上合作网络的连通性还是较低。

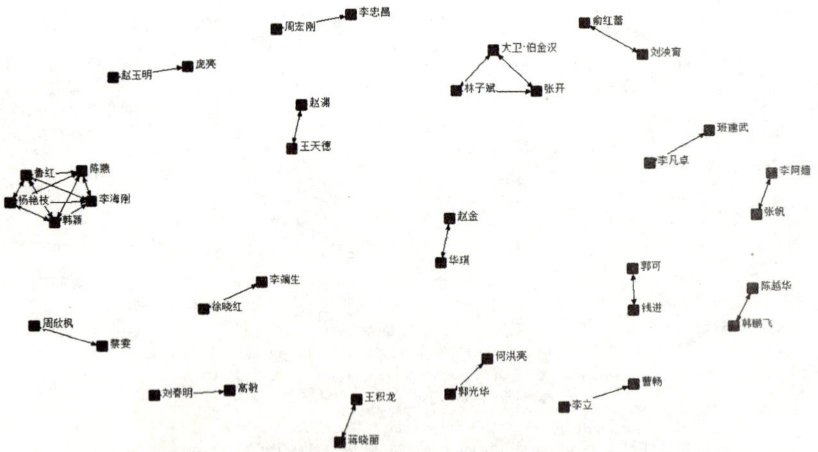

图7-9　新闻传播学教育研究作者合作网络图谱（2005—2009）

---

① 大卫·伯金汉，张开，林子斌. 媒介素养教育在英国——访谈与思考［J］. 现代传播：中国传媒大学学报，2006（6）：117-121.

3. 2010—2014 年新闻传播学教育研究作者合作网络图谱分析

由图 7-10 可以看出，2010—2014 年新闻传播学教育研究核心作者合作网络的连通性依然很低，合作网络的密度是 0.0274，网络中的所有节点都由 2 个作者合作所形成。度中心性最高的两位作者是周士超和许意涵（6.0），中国人民大学的陈昌凤和张小琴教授在这个时间段的度中心性也较高（4.0）。

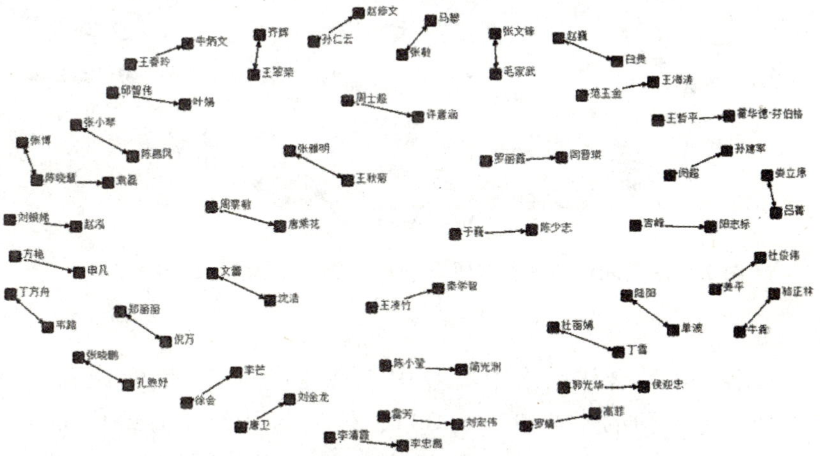

图 7-10　新闻传播学教育研究作者合作网络图谱（2010—2014）

（三）作者群合作网络结构整体分析

从图 7-11 可以看出，从合作者关系网络来看，15 年间中国课程与教学论的网络整体的连通性比较低。合作网络的密度是 0.0164，这个数值说明该网络连接松散，作者之间的信息流通与学术合作都不足。造成这种状况的原因应该和前文所述我国新闻传播学教育研究的方法现状有关，即倚重定性与思辨研究，依靠研究者通过个人悟思、哲学分析、文献概括、归纳演绎等思辨的方式进行，缺乏实验调查等需要团队合作研究或具备可统一标准的研究范式。另外，图 7-11 中在多数节点与其他节点没有联系，仅由两位作者合作发文形成。

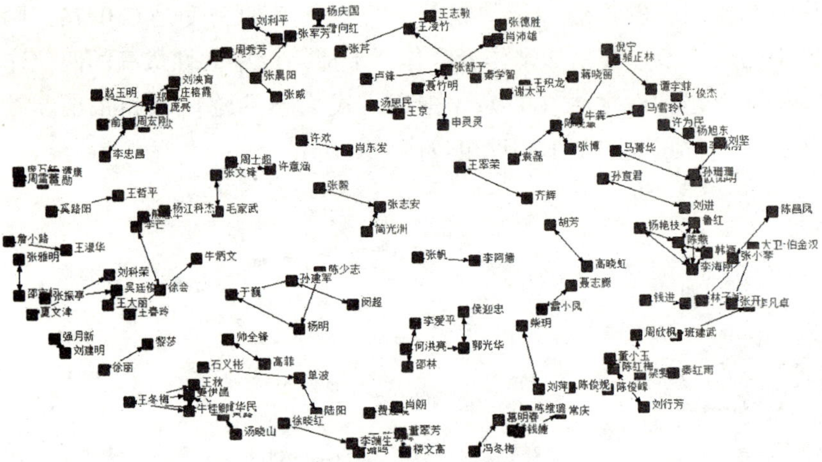

图 7-11　新闻传播学教育研究作者合作网络图谱（2000—2014）

图 7-12 是合作网络中度数中心性排名前 20 位的作者，前 13 名都是相同的中心性（8.00），他们与其他作者合作都是 8 次，而且是由多个合作团队组成：河北大学新闻传播学院陈燕、李海刚、杨艳枝、韩颖和鲁红 5 人组成的合作网，合作作品有《全国部分高校 2005 届编辑出版专业学生就业现状与影响因素调查》①；洛阳理工学院的霍华民、牛桂卿、王秋、王冬梅和姜伊昌 5 人组成的合作网；吉林工程技术师范学院的杨明、陈少志、于巍三位老师组成的合作网，发文有《对编辑出版学专业毕业生的调查分析》②；广东外语外贸大学的郭光华教授主导的教师团队，代表作有《新闻传播专业复合型人才培养机制的实

① 陈燕，李海刚，杨艳枝，等. 全国部分高校 2005 届编辑出版专业学生就业现状与影响因素调查（上）[J]. 出版发行研究，2005（10）：34-38.

② 杨明，陈少志，于巍. 对编辑出版学专业毕业生的调查分析 [J]. 教育与职业，2014（27）：191-192.

证研究》①。这些合作网络是典型的校内合作。此外，排名中的南京师范大学的张舒予、东北师范大学陈晓慧、中国传媒大学的张开都在媒介素养教育领域有多年研究，华中科技大学的吴廷俊、四川大学的蒋晓莉、中山大学的张志安则可视为新闻传播学教育领域老中青三代的代表性人物。这些新闻传播学教育领域知名学者的合作网络多为师生合作或同事合作。

	1 Degree	2 NrmDegree	3 Share
鲁红	8.000	1.046	0.021
韩颖	8.000	1.046	0.021
张舒予	8.000	1.046	0.021
霍华民	8.000	1.046	0.021
李海刚	8.000	1.046	0.021
王冬梅	8.000	1.046	0.021
王秋	8.000	1.046	0.021
杨艳枝	8.000	1.046	0.021
陈少志	8.000	1.046	0.021
姜伊昌	8.000	1.046	0.021
于巍	8.000	1.046	0.021
陈燕	8.000	1.046	0.021
牛桂卿	8.000	1.046	0.021
杨明	6.000	0.784	0.016
陈晓慧	6.000	0.784	0.016
郭光华	5.000	0.654	0.013
张志安	4.000	0.523	0.010
蒋晓丽	4.000	0.523	0.010
张开	4.000	0.523	0.010
吴廷俊	4.000	0.523	0.010

图 7-12　作者合作网络的度数中心性计算结果

从图 7-13 可以看出整个作者合作网络的中介中心性最高的是张舒予，其他如张志安等数值均为 1.00，他们在整个网络中起到的“中介”作用最大，是构成该网络最重要的连接点。这几位同样是新闻传播学教育研究高产作者或是高被引作者，他们都是目前国内新闻传播领域的知名学者，掌握比较多的研究资源，共同连接着整个合作网络，对知识传播和学术交流起着重要的中介保障作用。而其余作者的中介中心性均为 0。整个核心作者合作网络的中

① 侯迎忠，郭光华．新闻传播专业复合型人才培养机制的实证研究［J］．重庆第二师范学院学报，2010，23（5）：15-19.

心度较低，即网络围绕着一个节点或者一组节点来组织运行的集中或者集权程度低，因为其中介中心势 Network Centralization Index = 0.05%，说明网络中节点之间的信息交流存在很多障碍。在接近中心性排名前几位的依然是上述合作群体，由于该网络高度不连通，所以软件未能计算出网络的接近中心势，所以本研究未对接近中心性做详细分析。

	1 Betweenness	2 nBetweenness
张舒予	6.000	0.052
陈晓慧	3.000	0.026
吴廷俊	1.000	0.009
郭光华	1.000	0.009
蒋晓丽	1.000	0.009
单波	1.000	0.009
张志安	1.000	0.009

图 7-13　作者合作网络的中介中心性计算结果

由图 7-14 可以看出，我国新闻传播学教育研究领域紧密中心性和中间中心性分析指数都比较高的作者与其合作成员，与前文所述情况高度一致，这些合作网络有两大特点：一是由于教育研究范围和方法而结成的合作网，比如河北大学新闻传播学院的陈燕、李海刚、杨艳枝、韩颖和鲁红 5 人组成合作网，以其合作论文《全国部分高校 2005 届编辑出版专业学生就业现状与影响因素调查》为例，该论文调查涉及范围广，需要团队合作才能完成；二是由新闻传播学领域知名学者带领同事或者学生所组成的校内合作网。

```
Components with 3 or more members:
   1:   陈少志 杨明 于巍
   2:   陈晓慧 马雪玲 袁磊 张博
   3:   陈燕 韩颖 李海刚 鲁红 杨艳枝
   4:   大卫·伯金汉 林子斌 张开
   5:   单波 陆阳 石义彬
   6:   郭光华 何洪亮 侯迎忠
   7:   霍华民 姜伊昌 牛桂卿 王冬梅 王秋
   8:   简光洲 张毅 张志安
   9:   蒋晓丽 王积龙 谢太平
  10:   卢锋 聂竹明 申灵灵 王帆 张舒予
  11:   王大丽 吴廷俊 张振亭
```

图 7-14　新闻传播学教育研究作者合作网络的（主成分）分析结果

第三节　新闻传播学教育科研机构合作网络知识图谱分析

科研合作网络常见的形式有作者合作网络和机构合作网络。前面的内容已经分析了体现个人学术交流的新闻传播学教育研究的作者合作网络，本节主要研究的是机构合作网络，体现的是科研机构之间的学术交流关系，可以从更为宏观的角度把握科研合作网的趋势和发展方向。在机构合作网络中机构即为一个节点，机构间的合作关系为边，如果两个科研机构的研究者合作了一篇论文，则认为它们是相连的。在本研究中，新闻传播学教育研究机构的范畴是该学科教育研究的文献发表单位，包括高等院校、研究所或其他单位。每一篇文献的作者所属机构都视为发文机构，两个不同机构的作者合作发文视为两个机构的合作发文。以此为标准，以机构为研究主体，以 2000—2014 年间 3431 篇论文为研究对象，运用 CiteSpace4. 0R1 软件绘制十五年间新闻传播学教育研究的机构合作网络图谱。

通过利用 CiteSpace 软件在操作界面的参数设置上选择机构（institute）作为网络节点类型（node types），每一年为一个区分，并且选择每一时间片段中出现频次最高的 50 个数据，即 Text N per slice 为 50，对 CNKI 收录的相关文献进行机构共现分析，得到了分阶段与整体系列中国新闻传播学教育研究机构共现图谱。需要说明的是，因为作者在进行机构署名的时候并没有统一的规范，有的写的是所属高校，有的具体到二级学院，本文对此种情况合并为同一所机构名称。

一、机构合作网络结构阶段性分析

如图 7-15 所示，2000—2004 年中国新闻传播学教育研究合作网络的网络节点共有 184 个，连线 11 条，网络整体密度是 0. 0007。图中较大的节点代表发文最多的机构，依次为中国传媒大学、中国人民大学、四川大学、复旦大学、武汉大学、华中科技大学、浙江大学、厦门大学、暨南大学等。图中节点之间的连线很少，代表这些机构之间的合作很少或者没有。

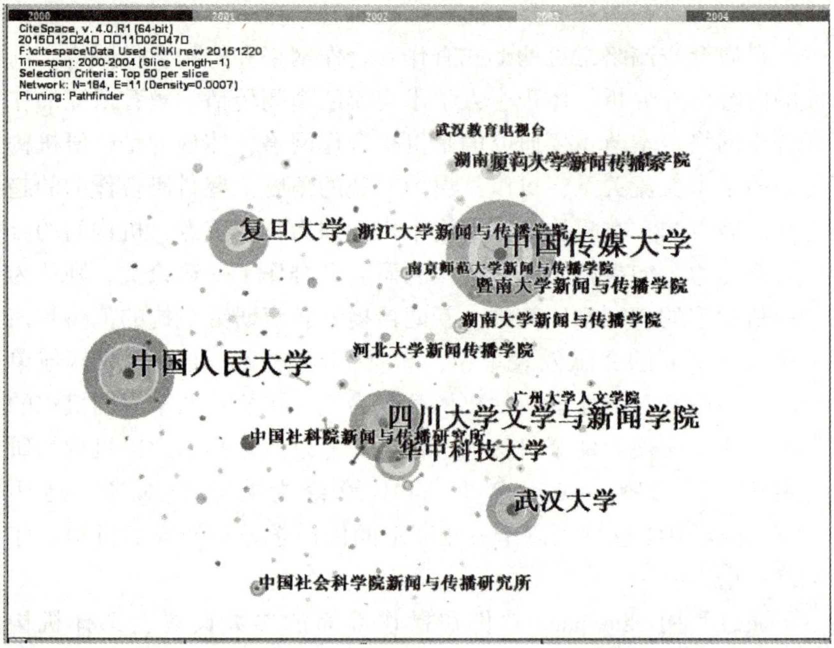

图 7-15　新闻传播学教育研究机构合作网络图谱（2000—2004）

如图 7-16 所示，2005—2009 年新闻传播学教育研究合作网络的网络节点共有个 176 个，连线 10 条，网络整体密度是 0.0006。图中较大的节点代表发文最多的机构，依次为中国人民大学、中国传媒大学、复旦大学、武汉大学、华中科技大学、四川大学、清华大学、暨南大学、河南大学，图中节点之间的连线依然很少，机构之间的合作很少或者没有。在这个阶段中，一些“二线”院校如浙江传媒学院、湖南师范大学、上海大学影视学院、天津师范大学、广东外语外贸大学等一批院校成为新闻传播学教育研究的积极发文机构。

如图 7-17 所示，2010—2014 年中国新闻传播学教育研究合作

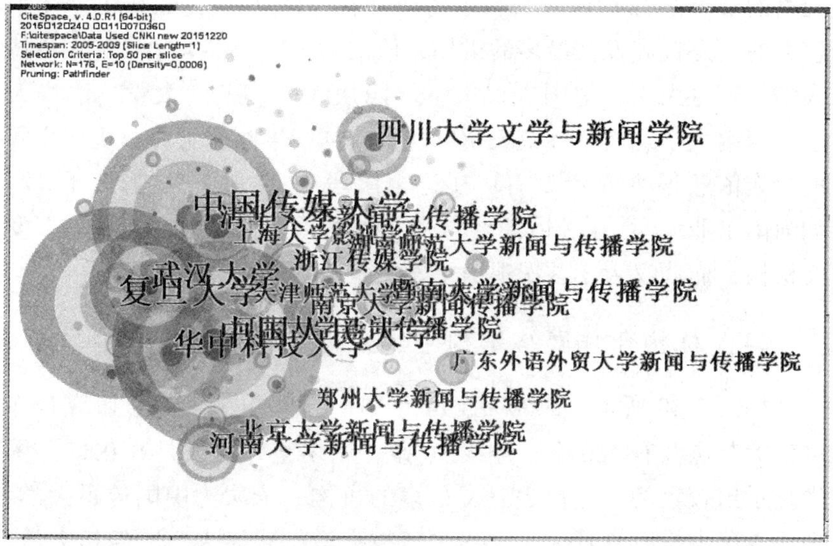

图 7-16　新闻传播学教育研究机构合作网络图谱（2005—2009）

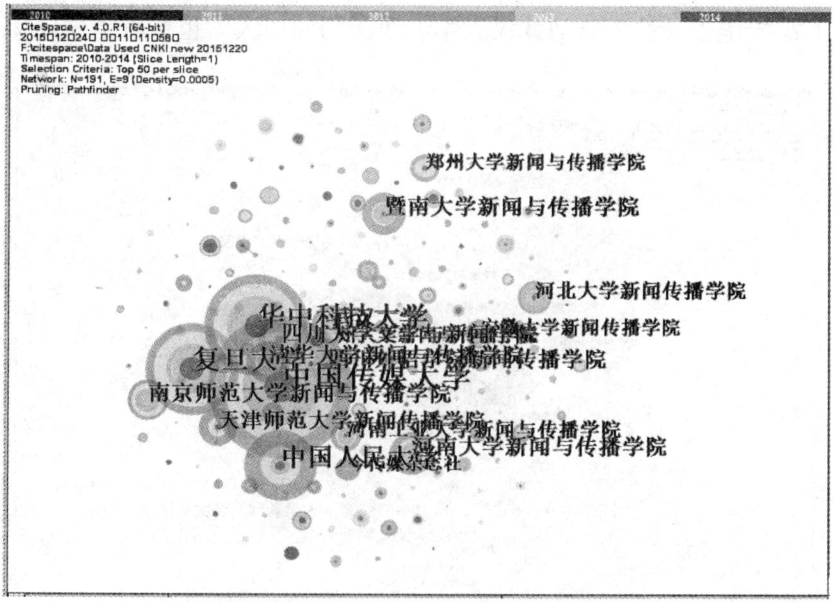

图 7-17　新闻传播学教育研究机构合作网络图谱（2010—2014）

网络的节点共有191个，连线9条，网络整体密度是0.0005。图中较大的节点代表发文最多的机构，依次为中国传媒大学、华中科技大学、复旦大学、中国人民大学、四川大学、暨南大学、清华大学、河南大学、南京师范大学。网络整体密度有所下降，机构之间的合作依然很少或者没有。在这个阶段中，一些“二线”院校，如河南工业大学、广州大学、安徽大学等一批院校成为新的较多发文机构，而武汉大学首次退出了发文量前十的排名。

二、机构合作网络结构整体分析

如图7-18所示，2000—2014年中国新闻传播学教育研究合作网络的节点共有480个，连线30条，网络整体密度是0.0003。图中显示出较大的节点代表发文最多的机构，依次为中国传媒大学、中国人民大学、复旦大学、华中科技大学、武汉大学、四川大学、暨南大学、清华大学、河北大学、河南大学。从地域上看，北边以北京高校为中心集中了多所高发文机构，中部影响力较大的机构是武汉的华中科技大学和武汉大学，西部的四川大学也一直是高发文

图7-18　新闻传播学教育研究机构合作网络图谱（2000—2014）

机构，华南的主要代表机构是暨南大学。整体网络整体密度只有0.0003，所以机构之间的合作程度很低，教育研究学术交流状态疏离。值得一提的是，中国传媒大学在各个阶段以及整体结构合作网络谱图中都是高发文机构，但是在本章前面对于发文高产作者和高被引作者的分析中，中国传媒大学只有秦学智和刘京林两位进入高产作者前45位，高被引作者中则未出现来自该校的老师。这说明中国传媒大学作为专业类重点高校，在整体新闻传播学教育研究实力上非常突出，但是缺乏中国新闻传播学教育研究的“大师”。

三、新闻传播学教育研究科研机构合作网络结构整体分析

（1）科研机构合作频次低，学术合作松散。从我国新闻传播学教育研究机构合作的阶段性和整体性分析都可以看出这个特征。虽然整体研究发文数量在上升，但是多为机构内部，未出现较大规模的机构间合作。

（2）少数高水平科研机构在整个合作网络中的中心效应非常显著，如中国人民大学、中国传媒大学、华中科技大学、武汉大学等，但大多数科研机构还处于边缘地位。作者在绘制科研机构合作的网络图谱中发现15年间共有480个机构发文参与新闻传播学教育研究，但是发文量在10篇以上的只有54所，所以研究水平和投入度都有极大差距。

第四节　综合讨论

本章通过中国新闻传播学教育研究的作者分析、基金项目分析、作者合作网络和机构合作网络分析的研究，总结出以下主要内容：

一、新闻传播学教育研究主体特点

（1）通过发文量和被引频次两项指标总体情况来看，中国新闻传播学教育研究领域作者文献合作率、合作度、机构发文量均呈上

升的趋势，说明新闻传播学教育研究领域研越来越重视科学合作。

（2）国家社会科学基金对新闻传播学教育研究的支持力度也逐年增长，但是受到省级以上基金项目资助的文献仅占文献总量的3.53%，可见对于新闻传播学教育研究的支持力度还有待提升。

（3）通过社会网络分析发现，新闻传播学教育研究作者合作网络和机构合作网络连通性较低，合作范围一般局限在校内合作，作者之间的关系多为师生合作或同事合作，学者之间学术联系并不紧密。少数高水平科研机构在整个新闻传播学教育研究中占据主导地位。

二、影响新闻传播学教育研究主体特点的因素分析

从本章前文的数据分析可以看出，中国新闻传播学教育研究主体无论是个人还是机构，合作程度都不高，教育研究者和机构各行其是，相互之间缺少交流合作，只有较重要的学术群体，未见影响力大的的学术流派，形成这种现状的影响因素有：

（1）未有真正意义上的学术共同体。“学术共同体”是20世纪英国哲学家布朗在《科学的自治》一文中首次提出的，他把全社会从事科学研究的科学家视为一个具有共同信念、共同价值、共同规范的社会群体，以区别于一般的社会群体与社会组织，这样的一个群体就称之为学术共同体。新闻传播学教育研究者是这个学科学术研究的主要力量，新闻传播学学科研究的深度、广度和品质在相当大程度上取决于这个群体的学术研究素养、研究方法和研究视野。而目前新闻传播学学术群体未突破院校或系别界限，极少有跨院校、跨地区的合作，这也是新闻传播学研究学术积累薄弱、理论研究缺乏创新性的成因。蒋晓丽等曾把中国新闻传播学学界和欧美学界进行过对比，认为国内很多学者其实是“一个人在战斗”，无法形成某个论题或进路的持续探讨和建构，即无法形成学术共同体①。

① 蒋晓丽，张放. 中国新闻传播学研究为何缺乏原创理论［J］. 新闻与写作，2016（1）：35-39.

（2）缺乏与业界的对话合作。新闻传播学教育机构在其教育过程中实现的是培养新闻理念和新闻基本技能的功能，但最终将该学科专业内容实现却是在业界实践活动中的再教育。牛炳文和王春玲认为，由于以往各种主客观因素的存在，新闻传播学教育机构和业界未建立有效的对话机制。而在媒体融合趋势的现实环境下，新闻传播学教育理念的革新必然需要新闻教育机构和新闻媒体共同面对①。中国的教育管理部门已意识到这一点并采取了一些变革举措，例如，教育部、中宣部于2013年出台了“卓越新闻传播人才教育培养计划”，其主旨是：培养学生全媒体业务技能，强化实践；未来5年500个记者进入高校新闻传播专业任教，500个高校教师到媒体兼职；改革招生、培养、课程和学制模式，具体内容包括共同制定培养目标、设计课程体系、开发优质教材、组织教学团队、建设实验平台等。

① 牛炳文，王春玲. 论媒体融合背景下新闻教育过程中对话机制的建构［J］. 编辑之友，2012（3）：57-59.

第八章　结论与建议

本研究旨在探讨建构中国新闻传播学教育研究的演进历程和特点及其相关议题，并提出研究结论与建议。研究者借由文献探讨、科学计量学知识图谱绘制方法、分析知识图谱结果而得出以下结论，并提出相关建议作为未来可进一步发展的研究方向。

第一节　主要研究发现

本节依据第四、五、六、七章所做研究分析，说明主要的研究发现如下：

一、新闻传播学教育研究热点分析

（1）通过高频关键词共现图谱分析发现，15 年间新闻传播学教育研究高频关键词出现频次在 100 次以上的有：新闻教育、新闻专业、新闻人才、新闻传播教育、新闻事业、编辑出版专业、媒介素养教育、编辑出版学、传播人才、媒介融合、教学改革、课程设置等，主要围绕着“专业”“人才”“教学”“理论”“课程”这几个主题。

（2）通过高频关键词时区共现分析发现，学科宏观建设和发展维度的热点在新世纪就开始受到重视，并持续和影响其他热点的出现。教学研究在新闻传播学学科教育中的重要性逐渐提升，与此相关的关键词在各阶段的出现频次越来越高。新闻传播学教育研究的时代性明显，特别是受传媒技术发展的影响明显，高频关键词中的大众传播学、电视新闻、编辑出版等都是基于对大众传播媒介的研究而产生，而随着互联网的迅速发展，2008 年的关键词中出现了“媒介融合”和“新媒体”，之后2011年的高频关键词中出现了“全媒体”，2014年高频关键词中出现了“自媒体”。

（3）热点研究领域中涉及新闻传播学教育的核心主题持续性突出，如学科发展、教学研究、课程研究，各阶段的热点研究领域都受到这几个核心主题的影响，相对比较稳定，且衍生出与之相关的各阶段性热点。如教学改革在前5年的出现频次是30次，中间5年是64次，三个阶段总值是181次，类似的还有实践教学、专业点研究等在15年中出现的频次、中心性以及突现数值都排在前位。热点领域从聚焦宏观学科建设发展规划逐渐扩大覆盖学科教育的具体层面，且随着时代性不断变迁。

二、新闻传播学教育研究前沿主题分析

（1）15年间新闻传播学教育研究具有突现值的关键词涉及的领域有如下几类：宏观层面，高等教育研究范畴所涵盖的课程与教学研究，如学科建设、课程设置、教学模式等；中观层面，新闻传播学科专业学生培养与建设，如编辑出版专业、研究生教育、复合型人才、广告教育、地方高校新闻传播学专业发展等；微观层面，新闻传播学专业学术与科学研究，如媒介素养、媒介融合、全球化、传播心理学、新闻史、新闻专业主义等。

（2）研究前沿主题可分为几种类型：渐弱趋势的主题如全球化、研究生教育，这类主题显现后出现大的革新，所以相关研究文献虽然每年都有，但再未形成突然涌现的状态；渐强趋势的主题如媒介素养研究、新媒体研究，这类主题会随着社会和传播技术的发展而不断革新，只要有新的变革因素产生，这个研究领域就会出现新的关注点；稳定趋势的主题如“学科建设”“教学改革”，这些关键词所涉及的研究领域在整体15年的研究中一直保持着相对稳定的状态。

（3）教师专题研究匮乏。中国目前新闻传播学教育研究前沿领域中对于教师的研究相当之少，已有的新闻传播学教师研究多散落于其他主题的文献中，如作为教学改革的一个构成部分而存在。在本研究的文献搜索中，文献总数不超过20篇，其中还包括了一

些名师的人物专访，可见该学科教育研究前沿领域中教师专题研究几乎是一片空白，有着亟待深入挖掘的空间。

三、新闻传播学教育研究知识基础分析

（1）高被引作者及其文献在新闻传播学教育研究领域对学科教育的发展都产生了一定程度的影响，在高被引频次排名前 50 位的作者中共有 45 位本国作者、5 外国作者。

（2）高被引文献集中在传播学理论研究、新闻学理论研究、媒介素养教育领域，只有托马斯·库恩的《科学革命的结构》属非新闻传播学科，学科教育研究的知识基础相对而言比较单一，在研究前沿中所体现的“跨学科融合”还没有在知识基础的建构中显现。

（3）从期刊共被引的结果分析中可以发现高共被引期刊绝大多数都是新闻传播学专业期刊，排列在前 50 位的只有 2 种是教育专业期刊，外文期刊也较少，只有 4 种新闻传播学专业学术期刊。可见新闻传播学教育研究的知识基础相对而言比较单一，除少数其他学科期刊所代表的知识外，该学科教育研究的知识基础聚集在本学科内。

四、中国新闻传播学教育研究主体与合作网络分析

（1）通过高产作者和高被引作者分析发现，蔡雯、陈力丹、郑保卫、邱沛篁和李希光 5 位作者均列两类排名的前十名，这 5 位作者可以视为新闻传播学教育研究的核心人物，在发文数量和影响力上都有较高贡献。该学科教育研究的学术群体主要集中在中国人民大学、华中科技大学、复旦大学和四川大学等重点大学，其中绝大多数就职于新闻传播类学院，只有极个别研究者来自于教育类学院。核心作者大多数来自于重点大学，分布在北京、上海、浙江和广东等经济较为发达的地区。

（2）通过高产发文机构分析发现，前 50 名发文高校名单中，只有 14 所高校不是来自重点大学，这些重点大学依托雄厚的科研和教学实力，在新闻传播学教育研究中占主导地位。在发文前 100

名的科研机构中，只有排在63位的中国社会科学院新闻传播研究所与排在84位的新华通讯社两家非高校机构。地区社会经济发展程度、高等院校发展历史积累等都会对新闻传播学教育研究的实力状况与分布产生影响。

(3) 近年来国家社会科学基金对新闻传播学教育研究的支持力度也逐年增长，但是受资助数量占整体比例较少，对于新闻传播学教育研究的支持力度还有待提升。

(4) 通过作者合作的社会网络分析发现，新闻传播学教育研究领域紧密中心性和中间中心性分析指数都比较高的合作网有两大特点：一是由于教育研究范围和方法而结成的合作网，其研究需要团队合作才能完成；二是由新闻传播学领域的知名学者带领同事或者学生所组成的校内合作网。

(5) 通过机构合作社会网络分析发现科研机构合作频次低，学术合作松散，虽然整体研究发文数量在上升，但是多为机构内部合作，未出现较大规模的机构间合作。少数高水平科研机构在整个合作网络中的中心效应非常显著，如中国人民大学、中国传媒大学、华中科技大学、武汉大学等，但大多数科研机构还处于边缘地位。本文在绘制科研机构合作的网络图谱中发现，15年间共有480个机构发文参与新闻传播学教育研究，但是发文量在10篇以上的只有54所，所以研究水平和投入度都有极大差距。

第二节 结 论

本节依据第一章所论述之研究目的与待答问题，说明主要的研究结论如下：

一、新闻传播学教育研究热点的演化具有持续动态反映学科结构变化的特点，其成果的理论性和学术性有待提高

（一）研究热点演化过程持续动态变迁

各类研究主题的变迁是新闻传播学学科整体结构演化的体现，

学科自身的研究范围在不断拓展，研究热点数量在增加，研究热点涉及的领域在分散。研究主题呈分化和细化的趋势，例如传播学主题领域内的研究热点随着时代发展而变化，在最初阶段是以大众传播学为主要研究主题，而之后逐渐涌现出组织传播、国际传播、传播心理学、网络传播等多个细化的主题。除受学科自身发展影响之外，新闻传播学教育研究热点的动态变化还受到其他学科或技术的影响。

（二）研究热点反映学科内部结构不断变化

新闻传播学科的内部结构受到社会和媒介技术发展的极大影响，每一次媒介变革推动的传播范式转型都会让新闻传播学教育在一段时间或一定程度上滞后于技术发展。例如，2008 年出现的研究热点“新媒体”，给整个社会带来的影响是颠覆式的，受其冲击，新闻传播学教育人员的角色定位、教学实践内容都发生了根本性变化，学科的教育理念、授课方式、课程内容等也都随之成为学界关心和思考的问题。

（三）研究热点成果的理论性和学术性有待提高

从本章前文的数据可看出，中国新闻传播学教育研究的主题虽广泛分布在学科教育领域的各个层面，但是缺乏理论研究上的创新和突破，基础理论研究不够。学科历史与其他人文社会科学相比时间较短，使得中国新闻传播学教育研究的视野一直围绕着本就并非“根深蒂固”的学科基本问题而展开，研究成果多为经验描述和总结，缺乏系统性和理论性较强的教育研究成果，这是影响该学科教育研究演化的客观历史因素。

二、新闻传播学教育研究前沿演进具有时代性、与研究热点交叉融合的特征，其研究视野缺乏本土创新

（一）研究前沿演进具有时代性

在媒介技术环境变化影响下，新闻传播学科教育中不变的是媒

介伦理和价值观教育，随时代不断变化的是教育理念、课程内容、培养模式等内容，诸如“全球化与新闻传播学教育”“新媒体研究”等研究前沿的出现无一不与时代背景相关。

（二）研究前沿与研究热点有交叉融合的特征

学者研究关注度高的热点领域，容易聚集集体智慧发现问题并创造新知识。如2000年开始出现的研究热点“媒介素养”，经过多年的积累和发展，不断衍生、发展出新的研究前沿，如新媒体素养、国外媒介素养教育新发展等，而研究前沿也不断引领新的研究热点领域，两者相互影响、相互推进，促进新闻传播学教育研究的发展和创新。

（三）教育研究前沿视野缺乏本土创新

中国的新闻传播学是在引进西方理论的基础上逐渐发展起来的，研究传统或知识谱系尚处于形成过程中，这方面的资源相对有限。除了本国的新闻传播史和具体业务研究外，新闻传播学教育研究的前沿缺乏本土创新。只有拓宽学术视野，更多从本土问题本身的性质与论域出发，才能创造独立的学术范式。

三、新闻传播学教育研究的知识体系理论视野不够广阔，与学科本身的“跨学科”现实形成反差

本研究通过绘制新闻传播学教育研究的文献共被引知识图谱、作者共被引知识图谱、期刊共被引知识图谱，分析了该学科教育研究的知识基础。中国新闻传播学教育研究学者基本都是从事研究和教学活动的高校教师，新闻传播学教育研究的主要知识基础以本学科为主，但学科内部被广泛采用的知识体系理论视野狭窄，与其他学科的交融并不多，缺乏其他相关学科的理论基因，研究结果中所反映出的学科教育现状和学科发展本身的“跨学科”和“融合多学科”的现实形成了巨大的反差。

中国的新闻传播学目前没有产生在国际学界具有较大影响力的原创性理论成果，也因此尚未与西方学者具备同等的话语权。影响

新闻传播学教育研究知识基础的因素有点：

（一）研究方法的科学性问题

本书研究数据所得出的新闻传播学教育研究高被引文献中量化研究和质性研究的比例失衡，这种失衡导致新闻传播学教育研究经常从现存理论入手去研究现实问题，而非凭借研究方法对研究对象进行分析后创造出新的理论。

（二）学术资源积累的重要性

中国的新闻传播学教育界目前尚未出现稳定且有广泛影响力的主要学术流派。整个学科的理论研究相对而言，在延续性、体系性上不足，理论研究的主要内容是以西方的知识引入及中国的本土现实中的具体问题为导向，教育研究成果上学术积累薄弱。

由此可以看出，对新闻传播学科来说，应当加强对重要理论学说的专题研究，梳理各种理论学说的发展脉络、理论价值与现实意义，把握其理论精髓，澄清其错误与局限，合理运用科学的研究方法从而建构起学科的坚实的理论体系。

四、新闻传播学教育研究主体间的研究合作不足

（1）新闻传播学教育研究高产作者全都来自于高等院校。新闻传播学科中融合了多个实践性较强的专业，从才人培养和适应市场需要的角度来说，以实践经验为研究背景的新闻传播学教育研究机构还十分缺乏。

（2）新闻传播学教育研究作者之间的信息流通与学术合作不足，合作关系多为师生合作或同事合作，原因与该学科教育研究的方法现状有关，即倚重定性与思辨研究，依靠研究者通过个人悟思、哲学分析、文献概括、归纳演绎等思辨的方式进行，缺乏实验调查等需要团队合作研究或具备可统一标准的研究范式。

（3）科研机构合作频次低，学术合作松散。目前已有合作多为机构内部，未出现较大规模的机构间合作。少数高水平科研机构在整个合作网络中具有中心效应，但大多数科研机构还处于边缘地

位，研究水平和投入度都有极大差距。

由此可以看出，学者和机构教育研究分散化在一定程度上阻碍了学科的进一步发展。新闻传播学学科领域内很多知识实践指向性都很强，除了加强研究者的合作研究，还应该加强理论研究者与实践领域专业人员的合作研究，但是无论是学者还是机构合作，新闻传播学教育领域都缺乏实践领域的主体参与。中国新闻传播学教育与实践较为脱离的原因之一是其新闻宣传的特殊性，使得新闻传播业界与新闻传播教育界的诉求不同，业界十分强调“党性原则”和“宣传纪律”的运用，强调新闻媒体对党和政府的依附性，而教育界则从学术角度强调“新闻规律”和“新闻伦理”，强调媒体自身的独立性和舆论监督功能。两者的争论长期存在。但从新闻传播学教育的角度而言，脱离实践是违反教育规律的①。因此新闻传播学教育研究需要拓宽合作交流渠道，通过科研合作，加强学科教育研究团队建设，只有进行多学科、多地区、多层次、多类型的合作研究，才能有效地推动新闻传播学科的整体发展，也才能更有利于新闻传播学专业教师的成长发展和人才培养质量的提高。

第三节 建 议

本节依据上述之研究结论，对于新闻传播学教育机构、后继研究提出建议，可为相关单位及研究人员所参考或借鉴。

一、对新闻传播学教育研究人员的建议

（一）研究方法和研究理念的转变

新闻传播学学科发展受传播技术革命影响深远，在这种背景下，该学科教育研究需要实现转变，即要在研究方法上重视实证研究，突破传统的以媒介种类为专业划分的标准，在研究理念上转向以传播内容为类别划分标准，辅以其他社会科学和自然科学的理

① 吴廷俊. 新闻传播教育的认知与践行［M］. 复旦大学出版社，2013.

论，如经济学、管理学、社会学、信息科学等来研究新兴媒体这个学科革新的“永动机”。

（二）研究学术视野的拓展

拓展研究学术视野，更多从本土问题本身的性质与领域出发，才能创造独立的学术范式。在新媒体时代，新闻传播学教育研究的主题要关照人的参与、传播和伦理等人文主题，因此新闻传播教育研究要加强社会与媒介认知关系、媒介分析等综合素养教育的研究。对新闻传播学科来说，应当加强对重要理论学说的专题研究，梳理各种理论学说的发展脉络、理论价值与现实意义，把握其理论精髓，澄清其错误与局限，从而建构起科学的理论发展脉络。因此，强化研究传统不能局限于新闻传播学自身的研究传统或知识谱系，而应当着眼于包括人文学科与社会科学在内的整个研究传统或知识谱系。

（三）加强对教师领域的研究

前文所引文献中已经有不少提出中国新闻传播教育师资结构满足不了业界发展需求的问题，且教育主题的研究文献数量稀少。而教师的专业品质、专业知识和专业能力在学科建设中处于核心基础地位，所以该学科教育研究需要格外加强对教师问题的研究，这样才能更有利于新闻传播学专业教师的成长发展和人才培养质量的提高。具体而言，新闻传播学教育研究在教师层面上需要格外加强“双师制”问题的研究，因为该学科与传媒产业业界联系紧密，相对于理论学术型教师，经验型教师十分紧缺，对于该学科教师问题的研究涉及教师人才培育和管理多个领域。

二、对新闻传播学教育行政管理机构的建议

（一）从政策和管理制度上鼓励教育界与业界的合作

中国新闻传播学教育研究学者和机构的分散化在一定程度上阻碍了学科的进一步发展。新闻传播学科领域内很多知识实践指向性

都很强，除了加强研究者的合作研究，还应该加强理论研究者与实践领域专业人员的合作研究，但是无论是学者还是机构合作，新闻传播学教育领域都缺乏实践领域的主体参与。而联合实践领域的新闻传播学教育更能适应社会现实需要且处在学科教育的前沿，例如，香港大学新闻及传媒研究中心（JMSC）携手谷歌新闻实验室，于 2016 年 4 月初推出了《数据新闻基础》慕课（MOOC），来自纽约、旧金山、香港和上海的国际知名数据新闻实践者和研究者利用慕课这种最新的在线课程进行数据新闻教育①。现阶段，中国较有影响力的官方措施是以“共建”方式将传媒主管部门、传媒业界纳入高等传媒教育，就目前来看，这种方式对传统传媒教育的内容有所突破，是中国高等传媒教育在全媒体时代的积极探索。

（二）完善高等院校人才引进和考核制度

解决新闻传播学科教育问题中的师资问题是该学科发展的核心问题，从新闻传播界引进具有学术理想的媒体精英可视为一种有效的解决方式，这种方式可以均衡已有理论型教师与实践型教师的配置比例。但目前高校管理体系中，无论是人才引入还是考核，都离不开学历学位、科研论文和项目的量化标准，而这些标准对于业界人才来说却不容易达到，所以对于教育行政管理机构而言，如何推进新闻传播学师资改革还需要改进管理机制。

（三）促进学术共同体的形成

本研究发现中国新闻传播学教育领域未有真正意义上的学术共同体，在现实教育环境和教育管理制度范围内，有关机构应促进新闻传播学学术共同体的形成。例如，整合院校的师资资源、定期筹办学科论坛和会议来研究本学科发展中的重大问题，探讨本学科的前沿性课题。

---

① 马金馨. 亚洲首发《数据新闻基础》慕课开放注册，2016 年 3 月 2 日撷取自数据新闻：http：//djchina. org/2016/03/02/data-journalism-mooc-registration-open/.

（四）在教育评鉴方面引入业界标准

中国的新闻传播学教育在学科评估标准上还缺乏多主体的参与，目前承担学科评估领导角色的是教育部高等学校新闻传播学类专业教学指导委员会，该委员会的成员全部来自高等院校，没有一个新闻传播学业界领袖，反映出中国新闻传播学教育评鉴维度单一。反观欧美发达国家，其学科评鉴主体往往由业界人员承担。例如美国新闻与传播教育认证委员会（Accrediting Council on Education in Journalism and Mass Communications）在美国新闻传播教育中就起到了导向性作用，该机构最初是由美国的新闻传播教育界人士和报纸组织共同建立的，目前已发展到由新闻传播教育界、报刊广播电视界、专业协会和组织、业外人士组成，这样的多样化来源保证了学科教育评价的多样性，直接影响了学科教育的具体环节。

三、对后续研究的建议

（一）扩展研究范围

首先，本研究虽使用了目前中国最大的文献资源数据库 CNKI，但研究数据未纳入该系统及尚未整理的其他类型文献，如学术专著、博士与硕士论文、研究报告等均未涉及，而这些类型的文献也是教育研究比较重要的成果类型。其次，中国新闻传播学教育受美国等国家影响深远，未来如运用比较教育研究方法探寻其与世界先进国家在该学科教育上的差异，也具有较高的研究价值。

（二）使用最新版的研究分析软件

就 CiteSpace 而言，本研究因为研究主题范围和文献数量的限制，现只运用了其展示知识领域研究前沿演进的基本功能，而该软件的其他功能还包括地理地图、数据处理、鱼眼图和双图叠加等，后续研究若拓展至国外文献研究，或者更长时间范围的研究，可运用到 CiteSpace 的其他功能。此外，除了 CiteSpace，还有其他诸如 VOSviewer 等可视化分析软件，后续研究在软件选择上可进行多方比较，运用最新和最能实现精确分析的工具。

（三）采取多元研究方法

本研究对新闻传播学教育研究的分析依据是基于文献的知识图谱研究，使得研究结果不可避免地受到文献数量、质量以及研究方法的限制，未来可运用德怀术、问卷调查等对图谱所揭示的问题进行进一步研究。

四、对数字文献数据库公司的建议

本研究分析数据主要来源于 CNKI 和 CSSCI 这两大中文数据库，在检索过程中遇到的问题主要有以下几项，提供给数据库公司参考：

（一）文献资料的完善性待增强

CNKI 在资料输出时有多个能力栏目可供选择，但是唯独缺少参考文献栏目，而参考文献是做本研究分析的重要来源依据，也同样是类似文献分析的必备选项，所以在有关共被引分析时，本书不得不换用 CSSCI 数据库，而该数据库在资料输出时每次仅能有 20 条，且参考文献录入不够完整。

（二）数据资料标准化程度待提高

本研究在进行分析时，发现文献来源中有的属于出版社的著作，但是在数据库的资料中被列在期刊文献中，造成很多数据输出后需要人工调整和核对。

以上这些情况在国外数据库（如 Web of Science）中却不会发生，因此期待国内的数据库公司能为研究人员提供更便捷、多元的功能和更准确的资料。

第四节　研究总结

本研究运用科学知识图谱方法对中国两大中文数据库资料进行

分析，透过研究获得的实证提出具体建议方向，在新闻传播学教育研究中尝试研究方法的创新。研究者未使用一般的文献计量学研究，而是选择了让研究结果更直观立体的科学知识图谱方法，其最大特点是研究数据和结果的可视化。可视化就是将资料、资讯与知识转化为视觉的形式，使得人类与生俱来的视觉能力得以发挥。经由研究软件提供的视觉界面，本研究能够对大量的资料进行互动分析，并且有效地发掘资料背后所隐藏的特性、模式或趋势。

当今社会，新媒体技术已经彻底改变了人类的信息传播结构，公民通过社交媒介大量参与社会治理和意见表达，媒介素养成为影响其参与度的决定因素。因此，新闻传播教育受到社会各方重视的程度比以往任何时候都强，新闻传播教育也从专业教育拓展到公共传播和全民媒介素养培育。

在研究规模方面，本研究仅以共词分析、引文分析、共被引分析、社会网络分析等方式对三个时段的中文资料库，运用不同分析点切入，揭示不同阶段时期和不同层面中的研究前沿、热点有何异同，并辅以 15 年整体趋势分析，这是以往新闻传播学教育研究领域仅以内容分析法，或一般量化研究，或单一时间轴进行分析所难以呈现的结果。

在文献数量方面，从时间长度与文献数量来源来看，本研究为了获得详细而准确的文献资料，在文献搜索上尽可能涵盖新闻传播学教育研究领域的全部主题，经过人工查看过滤后，共获得有效文献 3431 篇，规模大于过去可能类似的相关研究，并提供了多元的研究结果。

研究方法是本书研究过程中非常重要的方面，本书探寻学科教育研究所采用科学计量学知识图谱的方法，用实证研究的方法实现对新闻传播学教育史的考察。这种探针式的测量对于了解一个学科知识生产的方向以及基于此的反思与批判有着重要的意义。

在宏观层面，本研究有利于规划国家新闻传播学教育发展计划；中观层面，有助于追踪新闻传播学研究主题，掌握学科教育研究的动态与趋势；在微观面上，可以为新闻传播学教育研究人员提供一些研究指引，了解所在学科教育研究的演进与前沿方向。

综上所述，本研究运用科学计量学方式“图说十五年新闻传播学教育史”，学科教育史与学科发展史并行，新闻传播学科应走向何处，如何更深入地研究教育教学问题，还需要研究人员不断地理性反思。

参 考 文 献

中文部分

[1] 陈超美，著. CiteSpace Ⅱ：科学文献中新趋势与新动态的识别与可视化［J］. 陈悦，侯剑华，等，译. 情报学报，2009，28（3）：401-421.

[2] ［美］R. K. 默顿. 科学社会学［M］. 鲁旭东，林聚任，译. 北京：商务印书馆，2010.

[3] ［美］托马斯·库恩. 科学革命的结构［M］. 金吾伦，胡新和，译. 北京：北京大学出版社，2003.

[4] ［美］伯顿·克拉克. 高等教育系统——学术组织的跨国研究［M］. 王承绪，译. 杭州：杭州大学出版社，1994.

[5] 方延明. 对我国新闻学学科建设的几点思考［J］. 南京大学学报（哲学·人文科学·社会科学），2007，44（6）：109-117.

[6] 陈静. 近十年台湾新闻传播学教育研究的视野［J］. 新闻大学，2007（2）：90-94.

[7] 陈力丹. 新闻传播学：学科的分化、整合与研究方法创新［J］. 现代传播：中国传媒大学学报，2011（4）：23-29.

[8] 陈力丹. 关于传播学研究的一些想法［M］. 中国传播学：反思与前瞻. 上海：复旦大学出版社，2002：39-43.

[9] 陈悦，陈超美，刘则渊，等. CiteSpace 知识图谱的方法论功能［J］. 科学学研究，2015，33（2）：242-253.

[10] 陈悦，刘则渊，陈劲，等. 科学知识图谱的发展历程［J］. 科学学研究，2008，26（3）：449-460.

[11] 陈悦，刘则渊，等. 悄然兴起的科学知识图谱［J］. 科学学研究，2005，23（2）：149-154.
[12] 杜骏飞. 新闻传播教育的若干基本问题［J］. 新闻大学，2009（1）：24-30.
[13] 段京肃，任亚肃. 新闻学与传播学学术期刊影响力研究报告（2000—2004）——基于 CSSCI 的分析［J］. 现代传播（中国传媒大学学报），2006，2006（5）：36-44.
[14] 侯海燕. 科学计量学知识图谱［M］. 辽宁：大连理工大学出版社，2008.
[15] 胡翼青. 中国新闻传播研究主体知识地图——基于 CSSCI 图书引文的分析［J］. 中国出版，2013（19）：46-51.
[16] 蒋晓丽，张放. 中国新闻传播学研究为何缺乏原创理论［J］. 新闻与写作，2016（1）：35-39.
[17] 雷跃捷. 社会转型时期我国新闻传播教育的成就和问题［J］. 现代传播：中国传媒大学学报，2013（3）：135-138.
[18] 李良荣，张华. 从“小新闻”走向“大传播”——新闻传播学学科建设和科研的新取向［J］. 现代传播：中国传媒大学学报，2013，35（8）：34-38.
[19] 李太平，刘燕楠. 教育研究的转向：从理论理性到实践理性——兼谈教育理论与教育实践的关系［J］. 教育研究，2014（3）：4-10.
[20] 李武. 新闻传播学国际期刊出版态势——基于 SSCI 期刊的计量分析［J］. 出版发行研究，2013（1）：85-89.
[21] 廖圣清，申琦，柳成荫，等. 中国大陆新闻传播学研究十五年：1998-2012［J］. 新闻大学，2013（6）：70-82.
[22] 裴娣娜. 教育研究方法导论［M］. 合肥：安徽教育出版社，1995.
[23] 邱均平. 信息计量学［M］. 武汉：武汉大学出版社，2007.
[24] 冉华，王凤仙. 基于文献计量分析的我国传媒经济学研究现状［J］. 新闻大学，2014（6）：96-101.
[25] 邵国松. 训练思维还是训练技能？美国新媒体教育的理论和

实践［J］. 新闻大学, 2014（6）：124-129.
［26］邵培仁, 廖卫民. 中国新闻传播学 30 年学术论争的文献统计分析［J］. 当代传播, 2009（1）：8-11.
［27］谭天. 从“新闻学与传播学”到“传播学与传媒学”［J］. 新闻记者, 2015（12）：38-42.
［28］王大丽. 美国新闻传播教育研究现状——基于《新闻与大众传播教育者》2003--2012 年论文的分析［J］. 国际新闻界, 2013（2）：165-176.
［29］王贺新. 新闻伦理、职业道德与规范研究的知识地图——对 1979 年到 2011 年新闻传播类四大期刊相关文献的计量分析［J］. 新闻大学, 2013（1）：138-148.
［30］王君超. 新闻学：走出传播学还是走出自己——兼论新闻传播学对新闻实践的作用［J］. 清华大学学报（哲学社会科学版）, 2007（3）：133-139.
［31］王锡苓, 姚慧, 段京肃. 对实证研究方法课程在我国新闻传播学教育中现状的思考［J］. 国际新闻界, 2007（7）：49-52.
［32］韦路, 谢点. MOOC（慕课）时代的新闻传播教育［J］. 新闻与写作, 2015（5）：27-32.
［33］吴廷俊, 王大丽. 从内容调整到制度创新：中国新闻教育改革出路［J］. 西南民族大学学报（人文社科版）, 2012, 33（7）：150-154.
［34］吴廷俊. 问题与成绩同行：1978—2008 中国新闻教育发展研究［J］. 新闻大学, 2009（2）：33-42.
［35］吴信训. 世界新闻传播教育百年流变［J］. 新闻与传播研究, 2009（6）：26-37.
［36］徐剑. 中国新闻传播学高被引论文分析——基于 CSSCI、CNKI 两个主流引文数据库的研究［J］. 上海交通大学学报（哲学社会科学版）, 2009, 17（1）：65-72.
［37］姚计海, 王喜雪. 近十年来我国教育研究方法的分析与反思［J］. 教育研究, 2013（3）：20-24.
［38］余秀才. 新媒体语境下新闻传播教育面临的困境与革新［J］.

新闻大学，2015（4）：133-139.

[39] 张志安，贾鹤鹏. 中国新闻传播学研究的国际发表现状与格局——基于SSCI数据库的研究［J］. 新闻与传播研究，2015（5）：5-18.

[40] 张志安. 从新闻传播到公共传播——关于新闻传播教育范式转型的思考［J］. 暨南学报（哲学社会科学版），2016，38（3）：77-84.

[41] 张忠民，阳欣哲，张国良. 新闻传播学领域对“媒介”、“媒体”、“传媒”三词使用现状分析——以文献计量方法对四种专业核心期刊的研究［J］. 新闻记者，2010（12）：48-52.

[42] 赵玉明，庞亮. 从新闻学到新闻传播学的跨越——近十年来中国新闻传播学教育和研究新进展评述［J］. 现代传播：中国传媒大学学报，2008（5）：109-113.

[43] 郑敏，章于炎. 媒介融合时代美国密苏里新闻教育的变革与创新［J］. 国际新闻界，2014（4）：170-176.

[44] 钟秉林，赵应生，洪煜. 我国高等教育研究的现状分析与未来展望——基于近三年教育类核心期刊论文量化分析的研究［J］. 教育研究，2009（7）：14-21.

[45] 祝建华. 大数据时代的新闻与传播学教育：专业设置、学生技能、师资来源［J］. 新闻大学，2013（4）：129-132.

英文部分

[1] Borgman C L. Bibliometrics and scholarly communication.［J］. Communication Research, 1989, 16（5）: 583-599.

[2] Cambrosio A, Limoges C, Courtial J P, et al. Historical scientometrics? Mapping over 70 years of biological safety research with cowordanalysis［J］. Scientometrics, 1993, 27（2）: 119-143.

[3] Card S K, Mackinlay J D, Shneiderman B. Readings in information visualization - using vision to think.［C］// Series in Interactive Technologies. Morgan Kaufmann Publishers Inc., 1999.

[4] Card S K, Mackinlay J D, Shneiderman B. Using vision to think [C] // Readings in information visualization. 1999: 579-581.

[5] Chen C. Mapping scientific frontiers: The quest for knowledge visualization [M]. London: Springer. 2003

[6] Egghe L, Rousseau R. Introduction to informetrics: Quantitative methods in library, documentation and information science [J]. 1990.

[7] Glass G V. Primary, secondary, and meta-analysis of research [J]. Educational Researcher, 1976, 5 (10): 3-8.

[8] Larkin J H, Simon H A. Why a diagram is (sometimes) worth ten thousand words [J]. Cognitive Science, 1987, 11 (1): 65-100.

[9] Marshakova I V, Marshakova I V. A system of document connections based on references [J]. Nauchn-Techn. Enform. Ser. 2, 1973 (6): 3-8.

[10] Mccain K W. Neural networks research in context: A longitudinal journal cocitation analysis of an emerging interdisciplinary field [J]. Scientometrics, 1998, 41 (3): 389-410.

[11] Narin F, Olivastro D. Status report: Linkage between technology and science [J]. Research Policy, 1992, 21 (3): 237-249.

[12] Persson O. The intellectual base and research fronts of JASIS 1986-1990 [J]. Journal of the Association for Information Science and Technology, 1994, 45 (1): 31-38.

[13] Price D J. Networks of scientific papers. [J]. Science, 1965, 149 (3683): 510-515.

[14] Raan A F J V. Sleeping beauties in science [J]. Scientometrics, 2004, 59 (3): 467-472.

[15] Reid E F, Chen H. Mapping the contemporary terrorism research domain [J]. International Journal of Human-Computer Studies, 2007, 65 (1): 42-56.

[16] Small H, Griffith B C. The structure of scientific literatures I:

Identifying and graphing specialties [J]. Science Studies, 1974, 4 (1): 17-40.

[17] Small H. Co-citation in the scientific literature: A new measure of the relationship between two documents [J]. Journal of the Association for Information Science and Technology, 1973, 24 (4): 265-269.

[18] Spence R. Information Visualization: Design for Interaction (2nd Edition) [M]. Prentice-Hall, Inc., 2007.

[19] White, Howard D. Author cocitation analysis and Pearson's r [J]. Journal of the Association for Information Science and Technology, 2003, 54 (13): 1250-1259.

后　记

本书的内容来自于我博士研究生毕业论文的研究内容，也是自己从教十年来对新闻传播学教育的再认识和梳理。

在澳门城市大学就读教育学博士，这个抉择对我来说绝非一件简单的事情。三年来，在边工作、边学习、边照顾家庭，这种生活可谓五味杂陈。总是很期待看看学有所成那天，我将成为一个怎样的自己；友人也曾问我，澳门这座小城和城大这所学校让我得到了什么？人生是一场修行，读博何尝不是？我的指导教授——台湾高雄师范大学副校长王政彦教授曾说："能，要有心为基础，这便是：态。态度，决定你的程度与高度。"导师的这句话常常在我的研究陷入困境时激励我坚持下去。回想三年来的生活，不敢奢望在学识和科研能力上做到优异，唯有保持认真勤勉的学习态度才能终有所获。这份沉甸甸的收获需要感谢很多人。

感谢我挚爱的家人，没有你们，就没有我的一切！年迈的父母总是义无反顾地支持我；姐姐和姐夫几乎替远离家乡的我承担了照顾父母的全部责任；前行的每一步都有爱人的扶助；可爱的女儿，让我感悟生活中那么多平淡却动容的细节。

感谢澳门城市大学副校长梁文慧教授、教育学院李昕教授在研究领域的知识传授和宝贵意见。

深深感谢我的导师王政彦教授一路的引导与陪伴，作为台湾高雄师范大学副校长的他公务繁忙，却总是及时而又细心认真地回复我的问题；生活中的思考和趣事他会在微信上与学生们分享。身处海峡两岸，我们这群内地学生和老师的相处时间并不长，但老师的一言一行都让我更加真切地理解什么是"学为人师，行为世范"，能成为王教授的学生是我读博中最幸运的事。他的勉励也是对我博士求学三年最好的注解——努力耕耘，自有收获。

最后，本书得以出版要感谢中国地质大学（武汉）艺术与传媒学院的肖峰教授的鼓励和支持，他无私地分享了多年的教育经验给我。感谢我的单位北京师范大学珠海分校为鼓励教师学术研究提供了“科研成果出版支持计划”的资助。感谢武汉大学出版社编辑所付出的辛苦工作。

本书还有许多不足之处，诚待专家、读者的指正。

陆丹

2016 年 5 月于珠海